# 로직아이 샘

2단계 초록

## 펴내는 글 & 일러두기

### 로직 있는 아이를 위하여…

독서는 감동입니다. 감동은 집중력을 높여 줍니다. 어렸을 때 감동하면서 책을 읽은 아이들이 다른 일도 잘합니다.

독서는 핵심입니다. 핵심을 파악해야 발전합니다. 모든 사건에는 핵심이 있고 모든 일은 핵심을 중심으로 전개됩니다. 독서는 전체의 흐름과 핵심 파악에 도움을 줍니다.

독서는 꿈입니다. 독서는 꿈의 실현이 아니라 꿈을 꾸게 하는 다리입니다. 꿈을 꾸는 사람만이 꿈을 이룰 수 있습니다.

독서만이 미래이고 독서만이 희망입니다. 병들기 전에 병을 치료하는 일이 좋은 일이듯, 문제가 발생하지 않도록 하는 일이 중요합니다. 독서는 병들기 전에 치료하는 최고의 보약입니다.

〈로직아이〉는 모든 선생님과 학부모 그리고 대한민국 모든 아이들이 건강하고 행복하기를 기원합니다.

집필자들을 대신하여
(주) 로직아이 리딩교육원 원장 박우현

---

### 교재의 특징

▶ 이 교재는 독서지도를 위한 교재입니다. 그러나 이 교재를 사용하다 보면 자연스럽게 글쓰기와 논술 실력이 늘 것입니다.
▶ 이 책에는 해당 책을 이용한 PSAT(공직 적성 평가 : 행정 고시, 외무 고시, 기술 고시 1차 시험)와 LEET(사법 고시를 대신하는 법학 전문 대학원 입학시험 문제) 형식의 문제가 수록되어 있습니다. 아이들에게 대입 수능 시험이나 공무원 시험 형식에 대해 친근한 느낌을 갖게 할 것입니다.

### 교재 사용 방법

1. 이 교재를 사용하는 교사나 학부모 그리고 아이들은 해당 책을 반드시 읽어야 합니다. 그 후에 문제들을 풀면 그것만으로도 그 책을 다시 한번 읽는 셈이 됩니다.
2. 이 교재는 단계별로 구성되어 있지만 아이들의 성향이나 독서 능력에 따라 자유롭게 활용해도 무방합니다.
3. 교재는 단계별로 각각 6권으로 구성되어 있지만 그 순서는 교사나 학부모가 정할 수 있습니다. 아이들의 취향이나 선생님의 지도 방법에 따라 선택 지도할 수 있습니다.

〈감사의 말씀〉 이 교재 속에 수록된 텍스트와 이미지 사용을 허락해 준 모든 출판사에 감사 드립니다.

# 목 차

아기가 된 아빠
4쪽

소리괴물
14쪽

901호 띵똥 아저씨
24쪽

생태 통로
34쪽

행복한 왕자
44쪽

행복한 늑대
54쪽

# 아기가 된 아빠

앤서니 브라운 글·그림 | 노경실 옮김
살림어린이

영역 | 문학 언어
주제 | 가족애, 그림의 이해

1. 이야기와 더불어 그림에 숨겨진 뜻을 알 수 있다.
2. 주인공과 아빠의 모습을 상상하며 책을 읽을 수 있다.

## 줄거리

　존의 아빠는 젊어 보이는 것을 좋아한다. 그래서 젊은 사람들이 입는 옷도 많고, 머리 모양도 자주 바꾸고, 젊어 보이기 위해 운동도 열심히 한다. 하지만 아기처럼 아픈 것도 참지 못하고 엄살을 부려서 존의 엄마는 그런 아빠를 '다 큰 아기'라고 부른다. 어느 날, 존의 아빠는 정말로 아기가 되어 버린다. 아기가 된 아빠와 가족들은 어떤 일을 겪게 될까?

## 도서 선정 이유

　이 책은 젊어지고 싶은 아빠들의 심리를 섬세하게 다루면서 아이들에게 아빠를 이해할 수 있는 길을 열어 주는 책이다. 아이가 아빠를 이해해 가는 과정을 아이들의 눈으로 그리고 있어서 그림책 안에서뿐만 아니라 현실에서도 '우리 가족에게도 이런 일이 생긴다면?'이란 질문을 해 보게 한다. 그림책 곳곳에 숨어 있는 많은 상징과 암시 그리고 유명 예술 작품 패러디 등을 찾으면서 즐거운 상상을 해 볼 수 있다.

**1** 다음 네 가지를 묶어서 말한 것으로 가장 적절한 것은?

♣ 머리 모양을 자주 바꾼다.
♥ 거울 앞에서 멋을 부린다.
♦ 젊은 사람들이 입는 옷이 많다.
♠ 젊게 보이도록 운동을 열심히 한다.

① 노인이 싫다.　　　　② 거울을 좋아한다.
③ 외모에 신경을 많이 쓴다.　　④ 젊은이의 행동을 좋아한다.

**2** 다음 단어들에 알맞은 뜻을 찾아 서로 연결해 보세요.

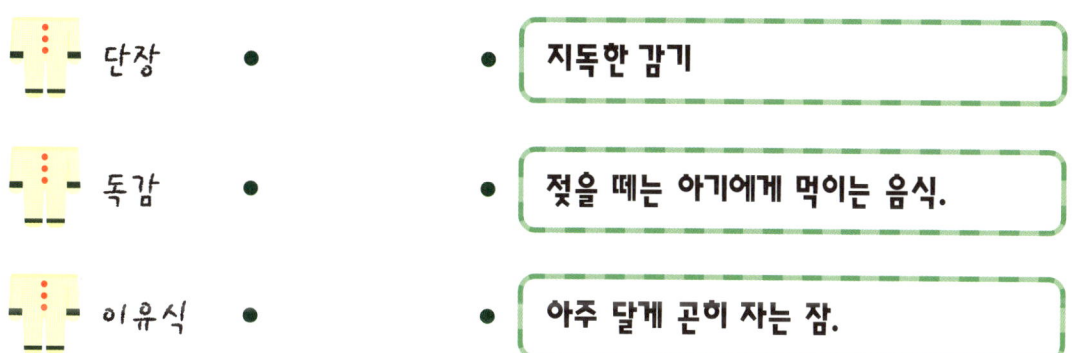

**3** 다음 문장들에 알맞은 단어를 보기에서 찾아 써 보세요.

| 보기 | 옹알이 | 어르다 | 안간힘 | 건강식품 | 야단법석 |
|---|---|---|---|---|---|

① 여러 사람이 몹시 소란스럽게 떠드는 모양　　　　　　　　　(　　　　　)

② 어떤 일을 이루기 위해서 전부 쏟아붓는 힘　　　　　　　　(　　　　　)

③ 건강 증진에 효과가 있거나 그렇다고 생각하는 가공식품　　(　　　　　)

④ 말을 잘 못하는 어린아이가 혼자 입속말처럼 소리 내는 것　(　　　　　)

⑤ 어린아이를 달래거나 즐겁게 하려고 몸을 흔들어 주거나 달래다.　(　　　　　)

**1** 온 세상 사람들은 존의 아빠를 보고 뭐라고 말하나요?

**2** 커다란 방에 가득한 아빠의 장난감에는 어떤 것들이 있나요?

**3** 존의 아빠가 젊게 보이고 싶어서 아침마다 하는 일은 무엇인가요?

**4** 엄마가 아빠를 '다 큰 아기'라고 부르는 까닭은 무엇인가요?

**5** 아빠는 어느 날 아침 정말로 작은 아기가 되어 엄마 곁에 누워 있었어요. 아빠는 어떻게 해서 아기가 되었나요?

**6** 아기가 된 아빠에게 엄마가 이유식을 만들어 주자 존이 가져온 것은 무엇인가요?

**7** 아빠가 아기가 된 곳은 어디인가요?

**8** 잠을 자고 일어나서 거울을 바라보던 아빠가 찾아낸 것은 무엇인가요?

1 온 세상 사람들이 존의 아빠는 나이보다 젊어 보인다고 말해요. 그런 말을 듣는 아빠의 표정을 잘 살펴보세요. 아빠는 지금 어떤 기분일까요? 아빠의 기분을 다음과 같이 여러 가지로 표현해 보세요.

| 색깔 | 기분 | 맛 |
|---|---|---|
|  |  |  |

2 존의 아빠는 나이보다 젊어 보인다는 칭찬 듣기를 좋아해요. 존의 아빠는 왜 젊어 보인다는 칭찬을 좋아한다고 생각하나요?

_____

_____

3 아기가 된 아빠는 말을 하려고 안간힘을 썼지만 "어버버버……." 하는 옹알이 같은 소리밖에 나오지 않았어요. 아기가 된 아빠는 어떤 말을 하고 싶었을까요?

책·을·깊·게·읽·는·아·이·들

**4** 아기가 되는 꿈을 꾸고 일어난 아빠의 머리에는 흰머리가 나 있었어요. 아빠의 흰머리가 의미하는 것은 무엇일까요?

___

**5** 난생 처음 흰머리 한 가닥을 찾아낸 존의 아빠는 어떤 말을 했을까요?

___

**6** 이 책의 그림을 잘 살펴보면 이야기가 어떻게 전개될지를 미리 알려 주는 그림이 곳곳에 나옵니다. 어떤 부분인지 함께 찾아 보아요.

___

## 책을 내 것으로 만드는 아이들

**1** 다른 사람들은 여러분의 아빠를 보고 뭐라고 말하나요? 까닭을 들어 말해 보세요.

| 다른 사람들은 우리 아빠를 |

_____ (라)고 말하지요.

| 왜냐하면 | _____

_____ | 때문입니다. |

**2** 만약 여러분의 아빠라면 '젊음을 돌려드립니다' (이)라고 쓰인 음료수가 실제로 있다면 어떻게 했을까요?

_____

_____

**3** 아기가 된 아빠를 보며 존의 엄마는 "그렇게 젊어지고 싶어 하더니, 진짜로 소원을 이루었네."라고 말했어요. 만약 여러분의 엄마라면 아기가 된 아빠를 보며 뭐라고 말했을까요?

**4** 만약 여러분의 아빠가 젊어진다면 몇 살로 젊어졌으면 좋은지 그 까닭과 함께 써 보세요.

우리 아빠는

_____ 로 젊어졌으면 좋겠어요.

왜냐하면 _____

_____ 때문입니다.

**5** 다시 어른으로 돌아온 아빠의 행동은 어떻게 달라질까요? 뒷이야기를 상상하여 써 보세요.

**1** ㉠과 같이 행동하는 까닭은 무엇인가요?

> 존의 아빠는 젊은 사람들이 입는 옷도 아주 많고, 머리 모양도 자주 바뀌어요. 존의 아빠는 젊게 보이고 싶어서 언제나 애를 써요. ㉠ <u>아침마다 자전거 타기 운동도 빠뜨리지 않아요.</u>
> 화장실에 들어가면, 거울 앞에서 멋을 부리느라 나올 줄을 모르지요.
>
> 　　　　　　　　　　　　　　　　본문에서

① 시간이 많아서.
② 멋을 부리기 위해서.
③ 젊게 보이고 싶어서.
④ 존과 놀아 주기 위해서.
⑤ 노는 것을 좋아하기 때문에.


**2** 아래 글을 짧게 말한 것으로 알맞은 것은?

> 　아빠는 조금이라도 머리가 아프거나 감기 기운이 있으면 큰일이 나요. 얼른 자리에 누워서 이불을 뒤집어쓰고, 독감에 걸린 게 틀림없다며 법석을 피우거든요.
>
> 　　　　　　　　　　　　　　　　본문에서

① 아빠는 정직하다.
② 아빠는 용감하다.
③ 아빠는 독감에 걸렸다.
④ 아빠는 엄살이 심하다.
⑤ 아빠는 누워 있기를 좋아한다.

**3** 다음 내용이 사실이라면 다음 글 뒤에 올 그림으로 적절한 것은?

어느 날 저녁, 아빠가 잔뜩 신이 난 얼굴로 집에 돌아왔어요. 몸에 무척 좋다는 음료를 파는 조그만 가게를 새로 찾아냈거든요. 아빠는 자주 건강식품 가게에 들러 새로 나온 약이나 신기한 먹을거리를 사 오지요.

그날 밤, 아빠는 '젊음을 돌려드립니다'라고 쓰인 음료수 한 병을 다 마셔 버렸어요!

본문에서

①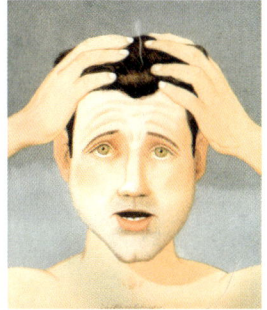

②

③

④

⑤

# 소리괴물

이범재 기획·그림 / 위정현 글
계수나무

영역 | 문학 언어
주제 | 경청과 소통

## 목표

1. 이야기를 읽고 내용을 파악할 수 있다.
2. 다른 사람의 이야기를 듣는 것이 중요하다는 것을 알 수 있다.

### 줄거리

소중한 말들이 귀 기울이지 않아 버려지고, 그 말들이 뭉쳐 소리괴물이 탄생한다. 소리괴물로 인해 세상은 여기저기서 사고가 일어나고 엉망진창이 된다. 소리괴물과의 싸움에 지친 사람들은 작은 말에도 귀를 기울이기 시작하고, 소리괴물은 사라져 간다. 소리괴물은 완전히 사라진 걸까?

### 도서 선정 이유

우리는 서로의 이야기에 얼마나 귀를 기울이고 있을까? 이 책은 그동안 우리가 무심코 지나쳤던 말들이 얼마나 소중한 것인지를 깨닫게 해 주는 책이다. 다채로운 색감의 그림과 괴물이 아이들에게 호기심을 불러일으키기에 충분하다. 우리는 책을 읽고 다시 한 번 우리가 나누는 대화의 소중함을 생각해 볼 수 있다.

**1** 다음 중 다른 세 개와 거리가 가장 먼 것은 무엇인가요?

① 말을 듣지 않는다.
② 귀 기울여 듣는다.
③ 귀에 들어오지 않는다.
④ 말을 알아들을 수 없다.

**2** 토론을 잘하기 위해서 가장 먼저 잘해야 하는 것은 무엇일까요?

① 내가 할 말을 또박또박한다.
② 다른 사람의 말을 잘 듣는다.
③ 어려운 말을 사용해서 이야기한다.
④ 상대방의 얼굴을 똑바로 쳐다본다.

**3** 다음 문장들에 알맞은 단어를 『보기』에서 찾아 써 보세요.

보기 : 세포, 와글바글, 저물다, 다투다, 사과하다

① 서로 따지며 싸우다.  『       』
② 해가 져서 어두워지다.  『       』
③ 생물체를 이루는 기본 단위  『       』
④ 자기의 잘못을 인정하고 용서를 빌다.  『       』
⑤ 사람이나 벌레가 한곳에 많이 모여 떠들며 움직이는 모양  『       』

## 책을 다시 읽는 아이들

**1** 소리괴물이 천둥처럼 큰 소리를 내고 있어요. 소리괴물은 무엇으로 만들어진 괴물인가요?

_____

_____

**2** 소리괴물이 나타나자 사람들 사이에서 어떤 일들이 벌어졌나요?

_____

_____

_____

**3** 과학자들은 소리 괴물을 분석하느라 눈코 뜰 새 없이 바빴어요. 과학자들이 발견한 소리괴물의 특징은 무엇인가요?

_____

_____

**4** 사람들은 소리괴물을 물리치기 위해 노력했지만 소용이 없었습니다. 사람들이 괴물을 물리치려고 노력할수록 소리괴물은 어떻게 됐나요?

_____

책·을·다·시·읽·는·아·이·들

**5** 괴물과 싸우던 사람들은 지치기 시작했어요. 이때부터 사람들에게 작은 변화가 생기기 시작했습니다. 어떤 변화가 생겼나요?

_____

_____

**6** 변화된 사람들의 대화를 듣고 괴물이 자꾸 작아져 갔어요. 소리괴물이 자꾸 작아진 까닭은 무엇인가요?

_____

_____

**7** 소리괴물은 자꾸만 작아져 견딜 수가 없었어요. 소리괴물이 산을 넘고, 먼 바다를 건너 도착한 곳은 어디인가요?

**8** 소리괴물은 새롭게 도착한 곳에서 얼음 위에 혼자 올라가 있는 펭귄을 보았어요. 이 펭귄을 무엇이라고 표현했나요?

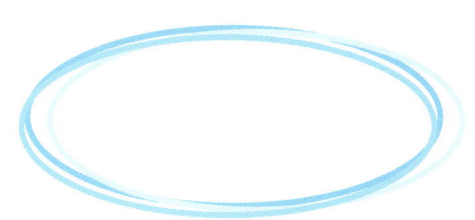

소리괴물 | 17

**1** 사람들이 귀 기울이지 않아서 버려진 말들이 모여 소리괴물이 되었어요. 사람들은 왜 서로의 말에 귀를 기울이지 않았을까요?

**2** 두 그림에서 사람들의 표정과 태도를 비교해 보아요.

**3** 다음 중 밑줄 친 말의 뜻으로 알맞은 것은?

> 사람들이 <u>우왕좌왕하며</u> 달아나자

① 줄을 똑바로 서지 않다.
② 어디로 가야 할지 고민하다.
③ 걸어가는 모양이 삐뚤빼뚤하다.
④ 어디로 가야 할지 몰라 당황하다.

책·을·깊·게·읽·는·아·이·들

**4** 밑줄 친 ㉠은 어떤 의도에서 한 말일까요?

> "어찌된 일인지 소리괴물은 폭탄에도 끄덕하지 않았어요. 미사일도 그냥 통과해 버렸어요. 지구 영웅들도 힘을 보탰지만, 소리괴물은 더 커지기만 할 뿐이었어요. 모두 지쳐버렸어요. 해가 저물자 사람들은 하나둘씩 집으로 돌아갔어요. 그리고 생각했어요.
> ㉠ '다른 사람들이 하는 말을 잘 들을 수 있다면 얼마나 좋을까…….'

**5** 밑줄 친 ㉠의 대화는 어떤 대화일지 구체적으로 말해 보세요.

> "아빠, 나 오늘 짝꿍하고 다퉜는데 내가 먼저 사과했어요!"
> "그래? 우리 아들 멋진데!"
> ㉠ 기분 좋은 대화는 저녁 식사 자리에서 잠자리로, 친구와 통화하는 수화기 너머로 끊임없이 이어졌어요.

1 만약 다른 사람을 도와주는 좋은 소리괴물이 있다면 그 괴물은 어떤 말들이 뭉쳐서 괴물이 되었을까요? 좋은 소리괴물을 만들어 보세요.

2 여러분이 했던 말과 여러분이 듣지 않았던 말들이 모여 소리괴물이 되어 나타났다면 여러분은 어떤 느낌이 들까요?

3 다른 사람의 말에 귀를 기울이지 않으면 어떤 결과가 나타날까요? 다른 사람의 말을 잘 듣는 방법에는 어떤 것이 있을까요?

**귀를 기울이지 않았을 때의 결과**

**다른 사람의 말을 잘 듣는 방법**

**4** 소리괴물은 자꾸 작아져 더 이상 견딜 수가 없었어요. 소리괴물을 작아지게 만들 만한 대화를 완성해 보세요.

> 아이 : 아~ 정말 따뜻해. 나는 엄마 냄새가 참 좋아. 엄마도 내가 좋아?
> 엄마 :
> _____
>
> 아들 : 아빠! 나 오늘 친구랑 말다툼했었는데 내가 먼저 미안하다고 사과했어.
> 아빠 :
> _____
>
> 친구1 : 야, 너 교실 청소 안 하고 그냥 가?
> 친구2 :

**5** 남극에서 사라진 소리괴물이 다시 나타났어요. 이번에는 버려진 말들이 아닌 다른 소리들이 뭉쳐서 괴물이 되었대요. 어떤 괴물이 무슨 일을 벌일지 뒷이야기를 상상해 써 보세요.

🌱 다음을 보고 질문에 답하세요. (1~2)

**1** 밑줄 친 표현의 까닭으로 적절한 것은?

> "이 괴물은 세포가 없습니다."
> "이런 괴물이 어디서 생겨난 걸까요?"
> "소리는 무시무시한데, 사람을 해치지는 않는군."
> "아무것도 부수지 않고, 힘을 전혀 안 씁니다."
> "<u>진짜 이상한 괴물</u>이에요."
>
> 📄 본문에서

① 진짜 착하다.
② 대단히 공격적이다.
③ 모양이 자꾸 변한다.
④ 형태가 없어 눈에 보이지 않는다.
⑤ 괴물들이 하는 행동을 거의 하지 않는다.

**2** 위 글의 제목으로 적절한 것은?

① 소리괴물의 특징
② 소리괴물의 마음
③ 소리괴물의 모습
④ 소리괴물의 행동
⑤ 소리괴물의 탄생

아·이·들·을·위·한·P·S·A·T·와·L·E·E·T

## 3 밑줄 친 ㉠ 문장에서 무엇인가 조금씩 떨어져 나간 까닭으로 적절한 것은?

이제야 사람들은 아주 작은 말에도 귀를 기울이기 시작했어요.
"아빠, 나 오늘 짝꿍하고 다퉜는데 내가 먼저 사과했어요!"
"그래? 우리 아들 멋진데!"
기분 좋은 대화는 저녁 식사 자리에서 잠자리로, 친구와 통화하는 수화기 너머로 끊임없이 이어졌어요.
㉠ 그러자 소리괴물의 몸에서 무엇인가 조금씩 떨어져 나갔어요.

본문에서

① 대화를 계속해서
② 아들이 멋지게 생겨서
③ 아들이 먼저 사과를 해서
④ 서로 말을 잘 받아주어서
⑤ 아빠와 아들이 친하게 지내서

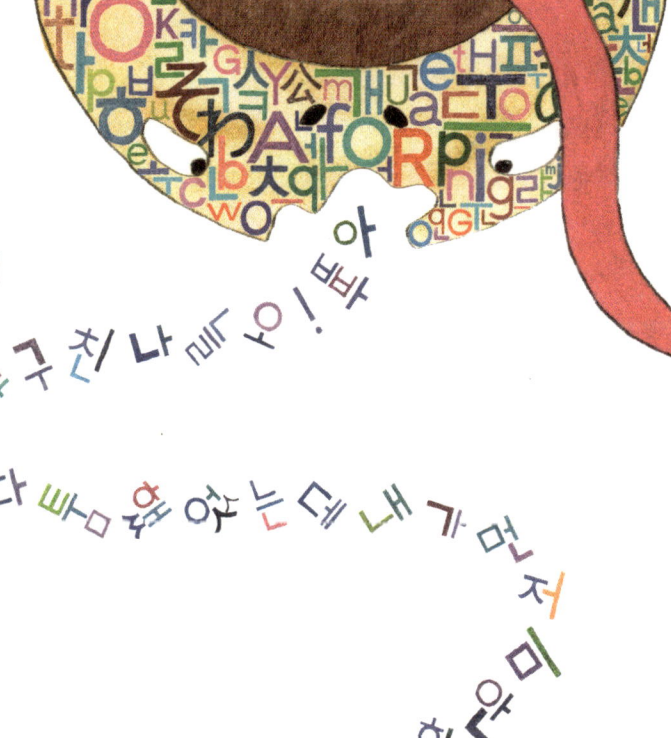

# 901호 띵똥 아저씨

이욱재 글·그림 | 노란돼지

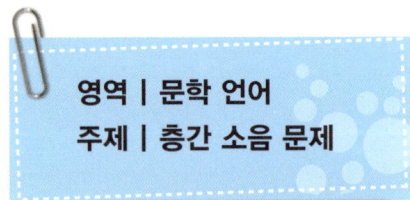
영역 | 문학 언어
주제 | 층간 소음 문제

### 목표

1. 이웃과의 소통과 배려의 중요성을 알 수 있다.
2. 층간 소음의 문제점을 알고, 해결 방안을 제시한다.
3. 이야기가 끝난 이후를 생각해 볼 수 있다.

### 줄거리

새로 이사 간 아파트에서 산이와 별이는 넓은 거실을 신나게 마음대로 뛰어다닌다. 결국, 소음 때문에 아래층에서 계속 찾아온다. 그 후로는 인터폰 소리만 나면 깜짝깜짝 놀라고, 거짓말도 하고 심지어 산이와 별이는 아빠에게 특별 걸음걸이 교육까지 받는다. 그러나 우연한 일을 계기로 산이네가 아래층의 상황을 이해하고 서로 조금씩 양보하여 개선되지만 산이네 위층에서 나는 소음도 만만치 않다. 과연 산이네는 어떻게 이 문제를 풀어 갈까?

### 도서 선정 이유

전 국민의 63%가 공동 주택에 거주하는 우리 현실에서 행복한 생활 공간을 만들기 위해서는 우리가 어떻게 해야 할지 생각해 볼 수 있다. 소음을 줄이려는 노력, 배려하고 이해하려는 노력을 실천하도록 해야 한다.

**1** 현재 대한민국의 아파트에서 살 때 가장 문제가 되는 것은?

① 주차 문제
② 흡연 문제
③ 쓰레기 문제
④ 반려동물 문제
⑤ 층간 소음 문제

**2** 다음 단어들에 맞는 뜻을 찾아 서로 연결해 보세요.

인상 •　　　　• 무섭거나 부끄러워서 기세가 약해지다.

흘기다 •　　　　• 눈동자를 옆으로 굴리어 못마땅하게 노려보다.

주눅들다 •　　　　• 어떤 대상을 보았을 때 사람의 마음에 드는 느낌.

**3** 다음 문장들에 알맞은 단어를 써 보세요.

호통　　연신　　한숨　　굽신　　삿대질

① 잇따라 자꾸　　　　　　　　　　　　　　　　(　　　　)

② 몹시 화가 나서 크게 꾸짖는 소리　　　　　　(　　　　)

③ 걱정이 있거나 안도할 때 길게 몰아서 내쉬는 숨　(　　　　)

④ 고개나 허리를 깊숙이 구부리는 모양을 나타내는 말　(　　　　)

⑤ 말다툼할 때 손가락을 상대편 얼굴 쪽으로 내지르는 행동　(　　　　)

**1** 산이네는 시골 마을에서 이사 와서 아파트 몇 층에 살게 되었나요?

**2** 산이네 가족이 층간 소음을 줄이기 위해 한 일을 적어 보세요.

**3** 아빠는 영화 속 무사처럼 소리 없이 뛰는 방법을 익혀야 한다고 했어요. 어떻게 뛰어야 하나요?

**4** 아빠는 901호 아저씨에게 산이와 별이가 집에 없다고 거짓말을 했어요. 그 말을 들은 산이는 왜 마음이 불편했나요?

책·을·다·시·읽·는·아·이·들

**5** 새로 이사 온 위층 1101호가 너무 시끄러워 아빠가 1101호로 올라가 항의했어요. 그런데 위층 아저씨는 무엇이라고 말했나요?

_____
_____
_____

**6** 엄마 생일에 산이와 별이는 케이크를 사서 엘리베이터를 탔는데, 인사를 하자 901호 아저씨가 케이크 상자를 들고 가셨어요. 왜 그랬나요?

_____
_____

**7** 901호 아저씨 부인은 몇 해 전 교통사고를 당해 누워 있어서 조그만 소리에도 힘들어한다는 걸 알게 된 산이는 그 뒤로 어떻게 했나요?

**8** 일요일에 다시 위층 1101호가 너무 시끄러운 소리를 내자 아빠는 어떻게 했나요?

**1** 아저씨와 엄마는 무슨 대화를 나누었을까요?

'산이와 별이는 소파를 사이에 두고 잡기 놀이를 하듯 거실을 뛰어다녔어요. 뛰는 소리가 이번에도 북소리처럼 요란하게 울렸어요. 그때 벨소리가 울렸어요. 문을 열자 한 아저씨가 인상을 잔뜩 찌푸린 채 서 있었어요.
"부모님 계시냐!"
아저씨는 엄마한테 큰소리를 치며 삿대질까지 했어요
엄마는 연신 죄송하다며 허리를 굽실거렸어요.

**아저씨**

**엄마**

**2** 밑줄 친 부분은 무슨 뜻일까요?

엄마는 드라마 재방송을 보고, 아빠는 낮잠을 자고 있었어요. 이날도 산이와 별이는 열심히 뛰어다니며 <u>큰북을 울리고 있었어요.</u>
띵똥 띵똥 띵똥!
그때 벨이 울렸어요. 문을 여니 901호 아저씨가 그때보다 더 붉으락푸르락한 얼굴로 서 있었어요.

책·을·깊·게·읽·는·아·이·들

**3** 값비싼 층간 소음 전용 실내화를 신고 다녀도 여전히 층간 소음이 발생했습니다. 그 이유를 아빠가 한 말에서 찾을 수 있어요. 그리고 여러분이 아빠라면 아이들에게 어떻게 말할지 써 보세요.

> 아빠는 산이와 별이에게 거실에서 실내화를 신고 다니라고 했어요.
> "애들이 어떻게 안 뛰고 살아? 산아, 별아! 이 실내화를 신고는 마음껏 뛰어다녀도 된단다!"
> 그런데 그 뒤로도 901호 아저씨는 어김없이 벨을 눌렀어요.

**아빠가 한 말**

**내가 아빠라면**

**4** 아저씨는 왜 다음과 같이 말했을까요? 그리고 아저씨의 진짜 속마음은 무엇일까요? 여러분의 생각을 적어 보세요.

> 위층인 1101호로 이사 온 집이 너무 시끄러워서 아빠가 올라가 항의합니다. 1101호 아저씨는 "우리집 애들은 다 영어 캠프 가고 없어요. 그리고 우리 부부는 자고 있었는데 대체 왜 그러는 겁니까? 예?" 그러고는 버럭 화를 내며 아빠를 밀어내고 문을 쾅 닫아 버렸어요.

**이렇게 말한 까닭**

**아저씨의 속마음**

## 책을 내 것으로 만드는 아이들

**1** 밑줄에 들어가기에 적당한 것을 모두 고르세요.

> 층간 소음 해결 방법은 _____와(과) _____!
> 쿵쾅쿵쾅 하지 말고, 소곤소곤한 공동 주택을 만들어요.

- 배려
- 큰소리
- 이해
- 지식
- 논리

**2** 이 책을 읽고 기억에 남는 사건이나 장면을 4컷 만화로 그려 보세요.

제목 :

어떤 장면?

**3** 층간 소음을 줄이기 위해 여러분이 상상력을 발휘하여 기발한 발명품을 만들어 소개해 주세요.

나의 발명품~ 얍!

**4** 아빠가 케이크를 들고 위층으로 올라가며 이야기가 끝납니다. 이제 무슨 일이 생길까요? 여러분이 작가가 되어 뒷이야기를 써 보세요.

나도 작가~

## 1 밑줄 친 ㉠의 까닭(이유)으로 알맞은 것은?

드디어 토요일이 되었어요.
아빠는 거실 바닥에 엎드려 귀를 대고 있었고,
㉠산이와 별이는 차례대로 발뒤꿈치를 들고 재빨리 뛰었어요.
쉬쉬쉭, 쉬쉬쉭!
성공이에요. 발소리 대신 바람 소리만 들렸어요.
그때 또 벨이 울렸어요.
띵똥 띵똥 띵똥!
산이는 겁에 질려 소리쳤어요.
"으악, 띵똥 아저씨다!"
이 방법도 소용이 없나 봐요.
"피자 왔습니다."
휴, 다행히 엄마가 시킨 피자가 온 것이었어요.
산이네 가족은 소리 내어 웃으며 오랜만에 마음 편히 피자를 먹었어요.

 본문에서

① 토요일이 되었다.

② 그때 또 벨이 울렸다.

③ 아빠는 거실 바닥에 엎드려 귀를 댔다.

④ 발소리가 들리면 띵똥 아저씨가 올라와 벨을 눌렀다.

⑤ 산이네 가족은 소리 내어 웃으며 오랜만에 마음 편히 피자를 먹었다.

## 2 아빠가 내민 케이크의 의미에 알맞은 속담은?

오늘은 일요일이에요.
다른 날과 마찬가지로 1101호에서는 아침부터 전쟁터처럼 시끄러운 소리가 나요.
"이제 올라갈 때가 됐군."
오후가 되자 인내심에 한계를 느낀 아빠가 1101호로 올라갔어요.
띵똥 띵똥!
1101호 아저씨가 짜증이 가득한 얼굴로 문을 열며 소리쳤어요.
"도대체 또 뭡니까? 네?"
"저…… 케이크 좀 드시겠어요?"

본문에서

① 말이 씨가 된다.
② 뛰는 놈 위에 나는 놈 있다.
③ 서당 개 삼년이면 풍월을 읊는다.
④ 가는 말이 고와야 오는 말도 곱다.
⑤ 낮말은 새가 듣고 밤말은 쥐가 듣는다.

인간이 만든 동물의 길
# 생태 통로

김황 글 | 안은진 그림
논장

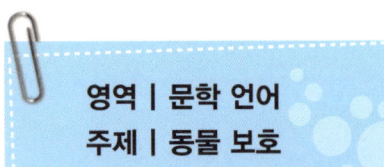

영역 | 문학 언어
주제 | 동물 보호

1. 인간의 개발 활동으로 인해 자연 생태계가 파괴되고 있음을 알 수 있다.
2. 인간과 자연이 더불어 사는 방법에 대해 생각해 볼 수 있다.

### 줄거리

하늘다람쥐는 비막을 활짝 펼쳐 나무와 나무 사이의 '공중 길'을 날아 이동하는 동물이다. 그러나 갑자기 생긴 도로 때문에 동물들이 차에 치여 죽고 하늘다람쥐는 사랑하는 짝과 귀여운 새끼들을 보러 갈 수 없게 되었다. 이를 해결하기 위해 사람들이 생태 통로를 만들기 시작했고 야생 동물들은 저마다의 생태 통로를 이용하여 먹을 것을 얻고 가족을 만날 수 있게 된다.

### 도서 선정 이유

이 책은 도로의 개발로 인해 '로드킬'당하고 있는 야생 동물들의 실상을 동화 형식으로 엮었다. 사람들이 편리하게 생활할수록 야생 동물, 더 나아가 자연 생태계가 피해를 입고 있음을 알고 인간이 어떠한 노력을 해야 하는지, 왜 노력해야 하는지에 대해 생각해 볼 수 있다. 그리고 더불어 사는 삶에 대해서도 생각해 볼 수 있는 기회를 제공한다.

1  도로 위를 다니는 자동차들 때문에 길을 건너지 못하는 동물들의 모습이에요. 어떤 동물들이 있는지 아래 숨은 낱말에서 가로, 세로, 대각선으로 찾아 색칠해 보세요.

| 오 | 비 | 제 | 족 | 살 |
|---|---|---|---|---|
| 고 | 소 | 그 | 산 | 쾡 |
| 리 | 라 | 리 | 토 | 이 |
| 구 | 림 | 니 | 끼 | 루 |
| 너 | 멧 | 돼 | 지 | 노 |

2  다음 문장들에 알맞은 단어를 써 보세요.

---  통로    생태    활공    비막    샅샅이  ---

① 빈틈없이 모조리.                                    (            )

② 서로 통하여 다니는 길.                              (            )

③ 생물들이 살아가는 모양이나 상태.                    (            )

④ 새가 날개를 움직이지 않고 하늘을 나는 것.          (            )

⑤ 박쥐나 하늘다람쥐 등이 비행할 때 사용하는 것으로
   앞다리, 몸쪽, 뒷다리에 걸쳐 길게 쳐진 막.          (            )

생태 통로 | 35

**1** 어느 날, 수컷 하늘다람쥐는 늘 오르던 나무가 사라져 날 수가 없게 되었어요. 하늘다람쥐는 왜 높은 나무가 없으면 날 수가 없나요?

**2** 노루, 고라니, 멧돼지, 너구리, 살쾡이 들은 왜 가족을 만나지 못하고 먹이를 찾으러 가지도 못하게 되었나요?

**3** 배고픈 노루와 고라니가 재빨리 도로로 뛰어들다가 어떤 일이 벌어졌나요?

**4** 사람들은 도로에서 죽는 동물들을 구하기 위해 무엇을 생각해 냈나요?

**5** '터널형 생태 통로'는 주로 어떤 동물들을 위해 만들었나요?

**6** 사람들은 지형이 험한 곳을 지나다니는 노루, 고라니, 멧돼지, 너구리들을 위해 어떤 생태 통로를 만들어 주었나요?

**7** 댐이 생겨 통로가 막혀 버린 물속에 사람들이 만든 생태 통로의 이름은 무엇인가요?

**8** 늘 오르던 나무가 사라졌는데, 수컷 하늘다람쥐는 어떻게 암컷과 새끼들에게 갈 수 있었나요?

**1** 재빨리 도로로 뛰어들었다가 사고를 당한 노루와 고라니의 모습을 본 동물들은 어떤 생각을 했을지 써 보세요.

**2** 밑줄 친 부분에서 수컷 하늘다람쥐는 암컷 하늘다람쥐에게 어떤 말을 했을까요?

> 하늘다람쥐는 여전히 짝을 만날 수 없어요. 하늘다람쥐는 평생을 나무에서만 살거든요. 나무가 없으면 길이 없다고 생각하지요. 그러니 평평한 도로를 건넌다는 것은 생각조차 하지 못해요. 수컷은 먼 나무 끝에서 말만 동동 굴렸어요. <u>건너편 숲을 바라보며 '찍찍' 울었어요.</u> 그 울음 소리가 들렸나 봐요. 사랑하는 암컷이 건너편 나무 구멍에 나타났어요. 귀여운 새끼 하늘다람쥐와 함께요.

**3** 야생동물들에게 길은 왜 '가장 무서운 적'이 되었을까요?

어느 날 갑자기
부모의 부모의 부모 때부터 다니던 길,
하루에도 수십 번 왔다 갔다 한 그 길이
<u>가장 무서운 적</u>이 되어 버렸어요.

**4** 밑줄 친 부분에 이어서 수컷 하늘다람쥐가 무엇이라고 말했을지 빈칸을 완성해 보세요.

"어, 이게 뭐지?"
사람들이 떠난 뒤에 슬며시 나와 보니,
도로 양쪽에 기다란 막대기가 서 있었어요.
"아, 이게 있으면! (                    )"
수컷(하늘다람쥐)은 환하게 웃었어요.

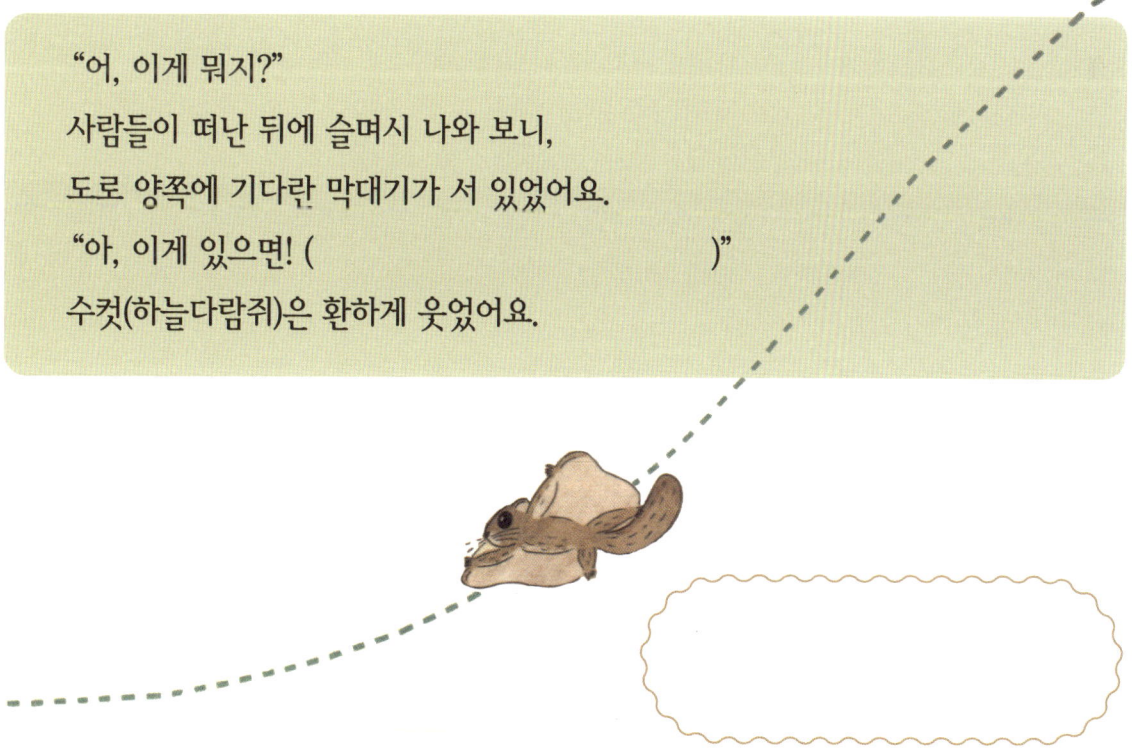

**1** 짝을 만날 수 없는 수컷 하늘다람쥐는 먼 나무 끝에서 발만 동동 굴렀어요. 여러분이 이렇게 가족과 떨어져서 만나지 못한다면 어떤 기분일지 이야기해 보세요.

**2** 여러분은 평소 사람들이 만들어 놓은 물건이나 시설 중에 동물이나 식물에게 위험하다고 생각했던 것이 있었나요? 있었다면 어떻게 하면 좋을지 생각해 보세요.

　　위험한 것

　　해결책

**3** 이야기의 전개 순서를 생각하면서 ①번과 ②번에 들어갈 내용을 써 보세요.

> 하늘다람쥐한테는 높은 나무가 '길'이에요.
> ①_____
> 사람들은 '생태 통로'를 생각해 냈어요.
> ②_____
> 도로 가에 세워진 막대기를 누군가 열심히 올라가요.
> 누구일까? 기쁨에 넘친 하늘다람쥐 수컷이에요.

○ _____

○ _____

**4** 야생 동물들을 보호하기 위해 도로에 세울 수 있는 표지판을 만든다면 어떤 표지판을 만들 수 있는지 생각해 보고 그려 보세요.

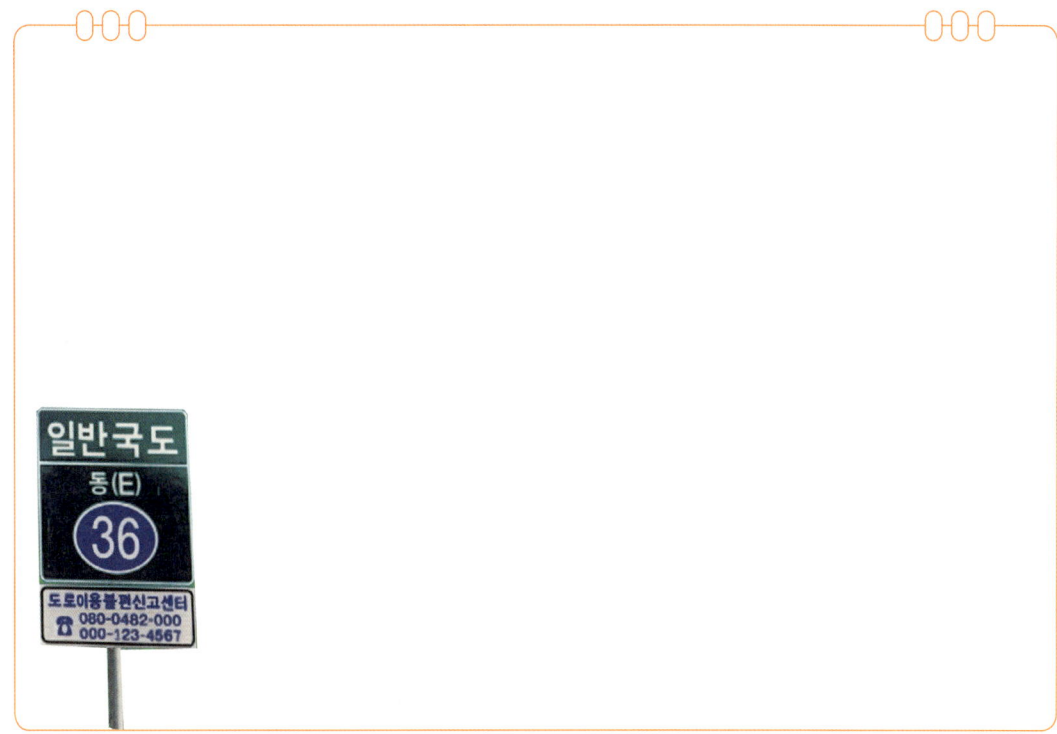

**5** 인간과 야생 동물이 어울려 사는 삶을 생각하면서 '생태 통로'로 멋진 4행 시를 지어 보고 함께 이야기해 보세요.

| 생 | |
|---|---|
| 태 | |
| 통 | |
| 로(노) | |

**1** 아래의 글에 가장 어울리는 제목은?

> 날쌘 하늘다람쥐 수컷이에요.
> 비막을 활짝 펼쳐 사르르 활공!
> 바람 타고 살포시 옆 나무에 내려 앉아
> 나무 위로 뽀르르 올라가서는 다시 사르르 활공!
> 나무와 나무 사이 '공중 길'을 멋지게 날아서
> 사랑하는 짝을 찾아왔어요.
>
> 본문에서

① 영리한 하늘다람쥐
② 위험한 하늘다람쥐
③ 하늘다람쥐의 멋진 비행
④ 하늘다람쥐를 구해 주세요
⑤ 짝이 없어 슬픈 하늘다람쥐

다음을 보고 질문에 답하세요. (2~3)

**2** 다음 글을 통해 알 수 있는 내용이 <u>아닌</u> 것은?

> 쌩쌩, 널찍한 도로 위를
> 부아앙, 엄청난 소리를 내며 바퀴 괴물이 달려요.
> 노루도, 고라니도, 멧돼지도, 너구리도, 살쾡이도
> 족제비도, 산토끼도, 오소리도
> 사랑하는 가족을 못 만나게 됐어요.
> 먹이를 찾으러 가지도 못해요.
> 바퀴 괴물이 무서워 길을 건너지 못하니까요.

 본문에서

① 도로가 만들어져서 편리해졌다.
② 도로 위로 자동차가 지나다닌다.
③ 자동차가 매우 빠르게 지나다녔다.
④ 동물들은 도로 위를 건너다니지 못하였다.
⑤ 동물들은 도로 때문에 가족들과 헤어지게 되었다.

**3** 위 글의 제목으로 적절한 것은?

① 배고픈 동물들
② 서로 바라만 보는 동물들
③ 도로 위를 달리는 자동차
④ 길을 건너지 못하는 동물들
⑤ 가족을 만나지 못하는 동물들

# 행복한 왕자

오스카 와일드
원작

영역 | 문학 언어
주제 | 진정한 행복

### 목표

1. 행복한 왕자가 한 일을 중심으로 내용을 파악할 수 있다.
2. 행복한 왕자와 제비를 통하여 희생의 의미를 생각할 수 있다.
3. 진정한 행복에 대해 생각해 볼 수 있다.

### 줄거리

금과 보석으로 치장한 행복한 왕자의 동상이 있었다. 동상을 지나가던 제비가 세상의 슬픔 때문에 눈물을 흘리고 있는 행복한 왕자를 보고 가엾게 여긴다. 행복한 왕자는 제비의 도움으로 가난한 사람들을 위해 자신의 보석을 나눠 준다. 곁을 지켜 준 제비는 날씨가 추워져 결국 얼어 죽고 행복한 왕자는 잿빛으로 변한다.

### 도서 선정 이유

요즘에는 많은 사람들이 서로 더 많은 것을 가지려고 욕심을 부린다. 그러나 행복한 왕자는 자신의 모든 것을 가난한 사람들에게 나누어 준다. 나누어 주는 삶을 통해 행복의 가치에 대해 생각해 볼 수 있다.

**1** 다음 중 다른 네 개와 다른 것은?

① 납　　　② 금　　　③ 루비
④ 수정　　⑤ 사파이어

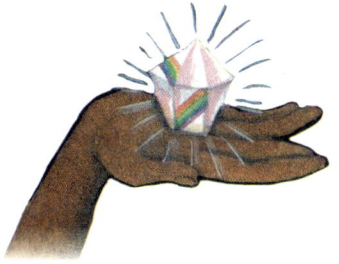

**2** 다음 단어들에 알맞은 뜻을 찾아 서로 연결해 보세요.

 골무　•　　　•　타고 남은 재의 빛깔과 같은 색

 잿빛　•　　　•　바느질할 때 손가락에 끼어서 사용하는 도구

 탄성　•　　　•　상자, 함

 궤짝　•　　　•　몹시 한탄하거나 탄식하는 소리

**3** 다음 문장들에 알맞은 단어를 보기에서 찾아 써 보세요.

| 보기 |
| --- |
| 묵다　가엽다　모질다　기이하다　숭배하다 |

① 딱하고 불쌍하다. 　　　　　　　　　　　(　　　　　)

② 기묘하고 이상하다　　　　　　　　　　　(　　　　　)

③ 몹시 매섭고 사납다. 　　　　　　　　　　(　　　　　)

④ 일정한 곳에서 나그네로 머무르다. 　　　　(　　　　　)

⑤ 신이나 부처 등 종교적 대상을 우러러 신앙하다.　(　　　　　)

**1** 행복한 왕자가 울고 있는 까닭은 무엇인가요?

**2** 병으로 앓아누운 가난한 집의 어린아이를 위해 제비가 가장 먼저 가져다 준 보석은 무엇이었나요?

**3** 이제 행복한 왕자에게 루비는 없습니다. 행복한 왕자는 제비에게 연극 대본을 쓰는 청년을 위해 무엇을 가져다주라고 했나요?

**4** 제비는 행복한 왕자에게 겨울을 어디에서 지낼 것이라고 말했나요?

**5** 행복한 왕자는 마지막 남은 한쪽 눈을 누구에게 가져다주라고 했나요?

**6** 행복한 왕자는 제비에게 놀랍고 신비한 이야기들을 들은 후에 이 세상에서 어떤 것이 가장 놀랍고 신비하다고 말했나요?

**7** 왕자가 도와준 사람들의 공통점은 무엇인가요?

**8** 사람들은 행복한 왕자의 모습이 흉해지자 어떻게 하였나요?

**9** 천사가 가져온 것 중에서 도시에서 가장 고귀한 것 두 가지를 써 보세요.

1 제비가 소년에게 루비를 주고 난 후 몸이 따뜻하다고 말한 까닭은 무엇일까요?

2 다음 두 그림을 보고 빈칸을 채워 보세요.

| | | |
|---|---|---|
| 어떤 사람들인가요? (신분) | | |
| 옷차림은 어떤가요? | | |
| 표정은 어떤가요? | | |
| 어디에 있나요? | | |
| 이 사람들에게 필요한 것은 무엇일까요? | | |

**3** 사람들이 행복한 왕자의 동상을 끌어내려 용광로에 넣고 녹여 버렸습니다. 하지만 쪼개진 심장은 아무리 해도 녹지 않았습니다. 그렇게 된 까닭을 이야기해 보세요.

**4** 다음 글에서 '행복한 왕자'가 밑줄 친 문장처럼 말하는 까닭은 무엇일까요?

> "사랑스런운 작은 제비야. 너는 내게 신기한 얘기를 많이 들려주었지만 <u>이 세상에서 제일 신기한 얘기는 인간이 고통받는 얘기란다.</u> 고통과 비참보다 더 위대하고 신기한 것은 없지. 작은 제비야, 이 도시를 날아다니며 그것을 보고 와서 내게 얘기해 주렴."

### 책을 내 것으로 만드는 아이들

**1** 행복한 왕자를 보면서 가장 인상 깊었던 장면을 친구들과 이야기해 보세요.

**2** 제비는 이집트에 가서 편하게 살 수 있었는데 그러지 않았어요. 좋은 것을 포기하고 자신을 희생하면서까지 행복한 왕자 곁에 있어 줬지요. 여러분이 만약 제비라면 어떻게 했을까요?

**3** 우리가 가난한 사람들을 도와줄 수 있는 방법에는 어떤 것이 있을까요?

책·을·내·것·으·로·만·드·는·아·이·들

**4** 마지막 장면에서 행복한 왕자와 제비는 하늘나라로 가게 되었어요. 하느님이 왕자와 제비에게 칭찬 스티커를 주기로 하셨어요. 칭찬 스티커의 이름과 내용을 쓰고 예쁘게 꾸며 주세요.

**5** 하느님은 제비에게 천국의 뜰에서 마음껏 노래 부르도록 해 주었어요. 제비는 어떤 노래를 불렀을까요? 제비가 부른 노래의 가사를 지어 보세요.

**6** 우리 주변에 행복한 왕자와 같은 사람이 있나요?

행복한 왕자 | 51

## 1 행복한 왕자가 울고 있는 까닭으로 적절한 것은?

> "내가 살아 있을 때 내 주위의 모든 것은 참 아름다웠어. 내 신하들은 나를 행복한 왕자라고 불렀지. 그런데 내가 죽자 사람들은 나를 이 도시의 온갖 추한 것과 비참한 것이 다 보이는 이렇게 높은 곳에다 세워 놓았단다. 비록 지금은 납으로 된 심장을 가졌지만 눈물을 흘리지 않을 수가 없구나."
>
> 본문에서

① 행복한 왕자이기 때문에
② 납으로 된 심장을 가져서
③ 눈물이 무엇인지 몰랐기 때문에
④ 이 도시의 온갖 슬픔이 다 보여서
⑤ 죽어서 높은 곳에 세워졌기 때문에

## 2 왕자의 모습이 잿빛으로 변한 까닭은?

> 제비는 왕자의 몸에서 금을 한 조각씩 한 조각씩 떼어 내어 가난한 사람들에게 나누어 주었습니다. 이제 행복한 왕자는 어두침침한 잿빛으로 바뀌었습니다. 대신 가난한 집 아이들의 얼굴은 장미 빛으로 빛났고, 아이들은 골목에 나와 즐겁게 웃으며 뛰어 놀았습니다.
>
> 본문에서

① 저녁 무렵이 되어서
② 왕자의 마음이 변해서
③ 원래의 동상 색깔이 드러나서
④ 도시 높은 곳이라 먼지가 쌓여서
⑤ 가난한 사람들의 얼굴이 빛났기 때문에

아·이·들·을·위·한·P·S·A·T·와·L·E·E·T

**3** 『은혜 갚은 까치』와 『행복한 왕자』를 읽고 내용을 가장 잘 이해한 친구는?

### 은혜 갚은 까치

한 선비가 구렁이한테 잡아먹힐 위험에 처해 있던 새끼 까치를 구해 주었다. 그 구렁이의 부인은 선비가 밤에 잠을 잘 때 선비의 몸을 꽁꽁 감쌌다. 구렁이는 날이 새기 전까지 종이 세 번 울리면 살려 주겠다고 했다. 밤중에 혼자서 종이 울리기란 불가능했다. 그때 선비가 살려준 새끼 까치의 어미가 자신의 머리를 박아 종을 쳤다. 그로 인해 어미 까치는 죽었지만 선비는 목숨을 구할 수 있었다.

### 행복한 왕자

제비는 따뜻한 남쪽 나라로 가지 않으면 죽을 것을 알면서도 행복한 왕자의 보석을 가난한 사람들에게 나눠 주는 일을 도왔다. 가엾은 작은 제비는 너무 추워 견딜 수가 없었지만, 행복한 왕자의 곁을 떠나지 않았다. 왕자를 너무나 사랑했기 때문이다. 결국 제비는 행복한 왕자에게 입맞춤을 하고는 죽었다.

본문에서

① 완수 – "제비는 은혜를 갚으려고 자신의 몸을 희생한 거야."
② 승규 – "까치는 선비를 사랑해서 자신의 몸을 희생한 거야."
③ 주희 – "자기 목숨이 제일 소중한데 둘 다 내가 없이 죽었어."
④ 선화 – "까치와 제비 모두 결국 죽었으니까 다 불행해진 거야."
⑤ 영욱 – "까치와 제비는 모두 자신을 희생해서 누군가를 도와주었어."

# 행복한 늑대

엘 에마토크리티코 글 | 알베르토 바스케스 그림 | 박나경 옮김
봄볕

영역 | 문학 언어
주제 | 다양한 재능 인정하기

### 목표

1. 개개인이 가진 재능은 다 다르고 소중하다는 것을 깨닫는다.
2. 하고 싶은 일을 할 때 행복을 느낄 수 있음을 안다.
3. 주인공의 행동을 통해 다 같이 행복하게 사는 것의 중요성을 알고 실천할 수 있다.

### 줄거리

대책 없이 착하기만 한 아기 늑대에게 삼촌 늑대는 제대로 된 늑대가 무엇인지를 알려주기 위해 무시무시한 늑대 수업을 시작한다. 하지만 아무리 가르쳐도 삼촌 늑대의 뜻대로 되는 것은 하나도 없다. 결국 아기 늑대가 만든 당근 케이크를 먹어 본 삼촌이 변하기 시작한다. 케이크 만드는 능력을 살려 페로스 제과점을 연 아기 늑대의 얼굴에는 행복이 가득하다.

### 도서 선정 이유

모든 사람이 똑같은 것을 잘할 필요는 없다. 각자의 능력을 존중하고 하고 싶은 일이 다를 수 있음을 인정해 주는 사회가 되어야 한다. 자신이 하고 싶은 일을 할 때 진정한 행복을 느낄 수 있으며 그것이 함께 살아가는 모두를 위한 일이라면 더할 나위 없다는 것을 알 수 있다.

**1** 늑대가 등장하는 이야기에 대해 생각해 봅시다.

(1) 이야기 속에 나오는 늑대는 어떤 행동을 했나요?

『빨간 모자』
○ 늑대가 한 일

『아기 돼지 삼형제』
○ 늑대가 한 일

『늑대와 일곱 마리 아기 양』
○ 늑대가 한 일

(2) 위 늑대 이야기에 나오는 늑대들의 성격은 어떤가요?

**2** 다음 중 다른 네 개와 그 뜻이 전혀 다른 것은?

① 잔인하다　② 악랄하다　③ 변장하다　④ 사악하다　⑤ 무시무시하다

**1** 엄마 늑대의 걱정은 무엇인가요?

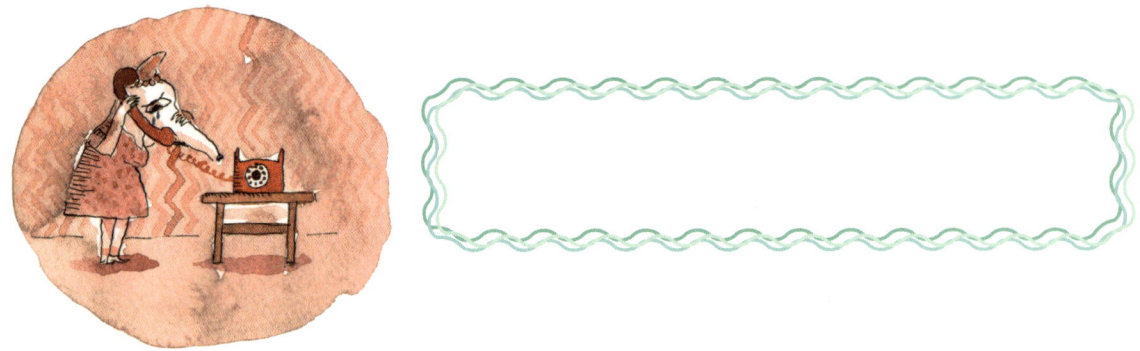

**2** 아기 늑대를 제대로 된 늑대로 가르치기 위해서 엄마 늑대가 쓴 방법은 무엇인가요?

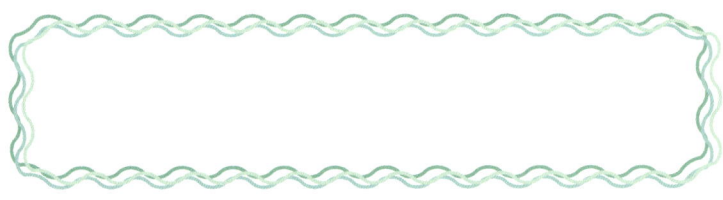

**3** 삼촌에게 가르침을 받던 아기 늑대에 일어난 일들입니다. 아기 늑대는 다음 상황에서 어떤 행동을 했나요?

| 아기 늑대에게 일어난 일 | 아기 늑대의 행동 |
| --- | --- |
| 외삼촌 발밑에 무당벌레가 있을 때 | |
| 수풀 사이에 많은 토끼들이 있을 때 | |
| 할머니에게 간식을 전하러 가는 빨간 망토 소녀를 만났을 때 | |
| 아기 돼지 삼형제 집을 부수러 갔을 때 | |

**4** 새끼 염소들 집에 쳐들어가기 위해 달걀과 밀가루로 변장을 하던 아기 늑대는 달걀을 떨어뜨리자 어떻게 행동했나요?

**5** 아기 늑대를 가르치는 일이 실패할 때마다 삼촌 늑대는 어떻게 했나요?

**6** 아기 늑대가 어떻게 지내는지 궁금해서 찾아온 엄마 늑대가 본 것은 무엇인가요?

**7** 아기 늑대가 만든 크림 도넛을 먹은 삼촌은 무슨 말을 했나요?

**1** 아기 늑대의 행동은 착하고 올바른 행동입니다. 그런데 엄마가 슬퍼하고, 삼촌이 화를 내는 이유는 무엇일까요?

**2** 삼촌 늑대는 아기 늑대에게 다음처럼 화를 내면서 소리를 지릅니다. 이런 말을 들을 때 아기 늑대의 마음은 어떨까요?

> "그만, 전부 집어치워! 너한테 질렸다고!
> 넌 우리 집안의 망신이고 돌연변이야.
> 너를 위해서 할 수 있는 건 다했어.
> 하지만 이제 끝이야 포기다!"

**3** 이 책의 제목은 『행복한 늑대』입니다.

(1) 아기 늑대가 행복하기 위해서 한 일은 무엇인가요?

(2) 여러분은 행복은 어떻게 얻어진다고 생각하나요?

**4** 삼촌의 마음의 변화를 알아보세요.

> 변장을 위해 준비한 밀가루와 달걀로 아기 늑대는 당근 케이크를 만들었어요.
> 당근 케이크를 먹기 전과 먹고 난 후 삼촌의 마음은 어떻게 변하였을까요?

**5** 삼촌의 가르침은 실패했습니다. 그렇다면 삼촌은 슬퍼해야 하는데 마지막에는 웃고 있습니다. 그 이유는 무엇일까요?

## 책을 내 것으로 만드는 아이들

1. 사람들마다 좋아하는 일을 할 때 행복하다고 합니다. 아기 늑대가 좋아하는 일은 빵 만들기이고 빵을 만들면서 행복해합니다. 여러분은 어떤 일을 할 때 행복한가요?
(그 일이 다른 사람들을 행복하게 해 준다면 더욱 좋겠죠.)

   **행복한** (자기 이름 쓰기)

2. 이 책에는 늑대는 사악하고 무시무시해야 한다고 생각하는 삼촌과 그렇게 행동하기 싫어하는 아기 늑대가 나옵니다. 아기 늑대가 되어 하기 싫은 것을 가르치는 삼촌을 설득하는 편지를 써 보세요.

책·을·내·것·으·로·만·드·는·아·이·들

**3** 〈페로스 제과점〉을 알리는 홍보지를 만들어 보세요.

**4** 모든 사람이 똑같은 것을 최고로 잘할 필요는 없지요. 우리 주변에는 어떤 최고들이 있을까요? 최고를 찾아보세요.

(아빠 웃음이 최고다 / 친구 색칠하기가 최고다)

　최고다!

　최고다!

행복한 늑대 | 61

**1** 삼촌 늑대가 생각하는 '제대로 된 늑대의 행동'으로 적절한 것은?

> 페로스 가문의 늑대라면 가장 악랄하고 잔인하기로 악명이 높은데!
> (중략)
> "이번 여름방학에 녀석을 무조건 나한데 보내. 내가 제대로 된 늑대가 무엇인가! 확실히 가르치겠어. 바로 나처럼! 너처럼! 우리 어머니, 아버지, 할머니, 할아버지! 페로스 가문의 모든 악명 높은 늑대들처럼 제대로 만들어 주겠어."
>
> 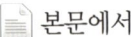 본문에서

① 토끼들과 같이 토끼풀 먹기
② 맛있는 당근 케이크 만들기
③ 빨간 망토 소녀와 친구 되기
④ 할머니와 다정하게 차 마시기
⑤ 언제 어디서나 무섭게 울부짖기

**2** 밑줄 친 "먹칠을 하다니"와 같은 뜻으로 쓰인 것은?

> 아기 늑대는 입 폭풍으로 하늘 높이 연을 훨훨 날리며 아기 돼지들과 함께 춤추고 노래를 불렀어요.
> "야 그건 그렇게 쓰는 게 아니야!"
> 페로스의 얼굴이 시뻘겋게 달아올랐습니다. 꼭 쥔 주먹이 부들부들 떨렸지요.
> "너, 이 녀석 당장 따라오지 못해? 늑대 얼굴에 이렇게 먹칠을 하다니!"
>
> 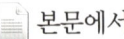 본문에서

① 불을 끄자 방안이 먹칠을 한 듯 어두웠다.
② 어제 붓으로 온 몸에 먹칠하는 꿈을 꾸었다.
③ 그림을 그리다 친구 얼굴에 먹칠을 해서 선생님께 혼났다.
④ 아이는 엄마가 잠깐 자리를 비운 사이에 온 방안에 먹칠을 했다.
⑤ 옳지 못한 행동을 하는 것은 부모님의 이름에 먹칠을 하는 것이다.

## 3 '삼촌의 계획'에 대해 잘못 이해한 친구는?

> "삼촌 말 잘 들어. 너 세상에서 가장 맛있는 게 뭔지 알아? 바로 염소 새끼야. 그 야들야들하고 고소한 염소 고기를 한번 맛보면 너도 생각이 달라질 거다. 삼촌이 염소 새끼 일곱 마리가 사는 집을 알고 있어. 무려 일곱 마리라고! 엄마 염소가 집을 비우면 변장을 해서 집에 쳐들어가자."
> "변장이요? 뭘 어떻게 해야 하나요?"
> "우선 날달걀을 하나씩 먹자. 목소리를 가늘고 부드럽게 만들어 주거든. 그리고 밀가루로 얼굴과 다리를 하얗게 칠하는 거지. 그렇게 하면 염소 새끼들이 널 엄마로 알고 문을 열어 줄 거야."
>
> 본문에서

① 효리 : 달걀은 목소리를 가늘고 부드럽게 하는 데 쓸 거야.
② 기혁 : 밀가루로 늑대의 다리와 얼굴에 칠해서 염소처럼 보이게 할 거야.
③ 유진 : 삼촌 늑대는 아기 염소와 엄마 염소를 한 번에 다 잡으려고 하고 있어.
④ 찬우 : 삼촌 늑대가 쳐들어가기로 한 집은 아기 염소가 일곱 마리 사는 집이야.
⑤ 채빈 : 삼촌은 아기 늑대를 엄마 염소로 변장시켜서 염소 새끼들을 속일 계획이야.

한국인의 독서지도 교재 **로직아이 샘**

**교재의 특징**

박우현 교수와 현장의 교사들이 함께 만든 22권의 독서지도 교재

- 6권의 필독서를 읽고 수업하는 독서지도 교재. 자연스럽게 글쓰기 논술 실력도 늘게 하는 교재
- 5급 공무원 시험인 공직 적성 평가와 법학 전문 대학원 입학시험 형식의 문제 수록

파랑 (서울시 교육감 인정 도서)
(총 1~6단계)

노랑 (교과서 수록 작품)
(총 1~6단계)

초록 (신간 교과서 수록 작품 중심)
(총 1~6단계)

빨강 (스테디 셀러 중심)
(총 1~4단계)

각 단계는 학년을 기준으로 함. (1학년은 1단계, 6학년은 6단계)
빨강 교재만 학년 중첩. (1단계는 1-2학년, 2단계는 2-3학년, 3단계는 4-5학년, 4단계는 5-6학년)

---

## 중학생을 위한 독서 논술
### 로직아이 수 秀 민트&퍼플

**교재의 특징**

① 엄선한 필독서 2·3권과 한국 근현대 문학 수록
② 다양한 토론, 요약과 정리 문제 수록
③ PSAT와 LEET형식의 문제 수록

## 글쓰기 논술 쓰마 & 박우현의 요약과 논술
입문 & 기초

1단계 - 1, 2권
글쓰기 논술 기초 교재

2단계 - 1, 2, 3권
글쓰기 논술 발전 교재

3단계 - 1, 2권
글쓰기 논술 심화 교재

I. 입문편
II. 기초편

**교재의 특징**

① 쓰마는 과정 중심 글쓰기 논술 교재
② 쓰마는 초등 1학년 부터 6학년 까지
③ 박우현의 요약과 논술은 중등 1학년 부터

\* (주) 로직아이는 독서 지도나 글쓰기 지도를 하고자 하는 학부모와 선생님들을 위한 교육사업 법인입니다.

책 속에는 꿈이 있습니다.
배우겠다는 의지만 있으면 실력은 늘기 마련입니다.

서울특별시 마포구 잔다리로 120 성동빌딩 303호 (서교동) 전화 (02)747-1577 팩스 (02)747-1599

# 〈로직아이 샘〉과 길라잡이 사용 방법

## | 특징 |

1. 〈로직아이 샘〉 1권은 6편의 동화로 구성되어 있으며, 동화 1편은 표지 포함 10쪽으로 이루어져 있다.
2. 〈로직아이 샘〉은 독서지도사, 방과후 학교 교사, 글쓰기 논술 학원 교사 그리고 서술식 문제로 출제 평가하는 초등학교 중학교 교사에게 필요한 교재이다.
3. 동화 한 편의 워크북은 90분 수업에 적합하도록 구성했다.
4. 6권의 필독서이므로 한 달 반 또는 세 달 사이에 교재 한 권의 진도를 나갈 수 있다.
5. 한 권의 독서지도 교재에는 5개 영역(문학 언어, 인문 예술, 사회, 역사 인물, 과학 탐구)을 담되, 1권당 문학 언어 영역이 1/2이 넘도록 했다.

1학년은 1단계, 2학년은 2단계, 3학년은 3단계, 4학년은 4단계, 5학년은 5단계, 6학년은 6단계로 구분했지만, 아이들의 취향이나 선생님의 지도방법에 따라 선택 지도할 수 있다.

## | 각 꼭지 별 내용 |

* 각 작품의 첫 쪽에는 책의 줄거리와 도서 선정 이유를 담고 있다.

'책을 펴는 아이들'은 읽기 전 활동에 해당한다.

'책을 다시 읽는 아이들'은 책을 다 읽은 후에, 책의 내용을 다시 한 번 점검하는 활동을 담고 있다.

'책을 깊게 읽는 아이들'은 주제를 심화시키는 활동에 해당한다.

'책을 내 것으로 만드는 아이들'은 독서 내용을 확장하는 활동 꼭지이다.

'아이들을 위한 PSAT와 LEET'는 논리적인 사고를 훈련하는 꼭지다. PSAT(공직적성평가)와 LEET(법학적성평가) 형식의 문제 유형을 초등학생 버전으로 만든 것이다.

## 아기가 된 아빠

###  책을 펴는 아이들(5쪽)

1. [정답] | ③ 외모에 신경을 많이 쓴다.
[길라잡이]
머리 모양을 자주 바꾸는 것은 외모에 신경을 많이 쓴다는 것을 뜻한다. 운동을 열심히 하는 것은 건강 때문이라고 생각할 수 있지만 '젊게 보이도록' 운동을 한다는 것은 겉모양에 신경을 쓴다고밖에 할 수 없다. 젊은이의 옷을 '많이' 가지고 있다는 것도 외모와 관련이 있다. 그렇다고 해서 노인이 싫은 것은 아니다. 노인 중에도 머리 모양에 신경 쓰는 사람이 많기 때문이다. 젊은이의 행동을 좋아하는 것이 옳지 않은 까닭은 지문의 내용들은 '행동'보다 '외모'를 중시하기 때문이다. 따라서 정답은 ③이다.

2. [정답]

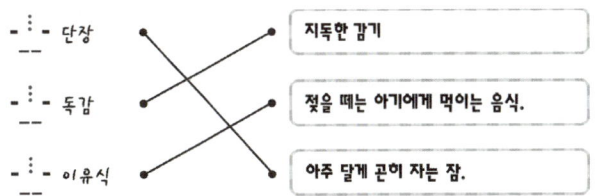

3. [정답]
① 야단법석 ② 안간힘 ③ 건강식품 ④ 옹알이 ⑤ 어르다
[길라잡이]
간혹 건강식품을 약이라고 생각하는 사람들이 있는데, 건강식품은 약국에서 치료를 위해 구입할 수 있는 '약'이 아니라 말 그대로 건강을 위해 먹는 '식품'이다. '야단법석'이라는 단어는 원래 불교에서 '야외에서 크게 펼치는 설법 강좌'를 뜻했는데, 그때 워낙 시끄러워서 크게 시끄러운 경우에 '야단법석'이라는 말을 사용하게 되었다.

###  책을 다시 읽는 아이들(6~7쪽)

1. [정답] | 나이보다 젊어 보인다고 말한다.
2. [정답]
미니 스포츠카, 당구대, 골프채, 컴퓨터, 비디오카메라, 라디오, 망원경, 총, 모형 비행기, 카메라, 라디오 등
[길라잡이]
그림을 자세히 보도록 유도하면서 아빠가 가지고 있는 장난감을 통해 아빠의 취미가 무엇인지 함께 이야기 나누어 본다.
3. [정답] | 자전거 타기 운동
4. [정답]
아기처럼 아픈 것을 참지 못하고 엄마에게 어리광을 부리기 때문이다

5. [정답]
'젊음을 돌려드립니다'라고 쓰인 음료수 한 병을 다 마셨기 때문이다.
6. [정답] | 자기가 쓰던 낡은 아기 의자
7. [정답] | 아빠의 꿈속
8. [정답] | 흰머리 한 가닥

##  책을 깊게 읽는 아이들(8~9쪽)

1. [정답]
   **색깔** : 분홍색, 하얀색, 무지개 색
   **기분** : 우쭐함, 거만함, 행복
   **맛** : 아이스크림, 피자, 치킨 등
   [길라잡이]
   정해진 답은 없으나 6쪽(속지를 기준으로)에 있는 아빠의 그림에서 올라간 입꼬리, 눈빛, 표정 등을 자세히 살펴보고 느낄 수 있는 분위기를 색깔, 기분, 맛으로 표현하도록 한다.

2. [예시답]
   · 죽음에 대한 두려움 때문이다.
   · 젊으면 하고 싶은 여러 가지 일들을 마음껏 할 수 있기 때문이다.
   · 늙은 것보다 젊은 것이 더 멋져 보이기 때문이다.
   [길라잡이]
   젊음은 어떤 특권을 누릴 수 있는지 아이들과 충분히 이야기 나누도록 한다. 나이 드신 아빠나 할아버지와 자신을 비교해 보아도 좋을 것이다.

3. [예시답]
   · "그 음료수를 산 가게로 빨리 나를 데려다 줘. 난 젊어지고 싶었지, 아기가 되고 싶지는 않았다고!"
   · "으! 답답해 죽겠네, 이게 무슨 꼴이야. 진짜 아기가 되다니!"
   · "여보, 미안해. 그동안 내가 젊어지고 싶어서 머리 모양 자주 바꾸고, 엄살 부린 거 다 용서해 줘."
   [길라잡이]
   아기가 된 아빠의 심정이 되어 생각해 보도록 한다.

4. [예시답]
   다시 어른으로 돌아왔다, 진짜 어른이 되었다, 아무리 애를 쓴다고 해도 젊음을 되돌릴 수는 없다, 늙는 것을 막을 수는 없다, 밤사이에 마음고생이 심했다, 등
   [길라잡이]
   아빠가 아무리 젊어지려고 애를 쓴다고 해도 늙는 것은 자연스러운 현상이라는 사실을 아이들과 이야기해 본다. 늙는 것은 피할 수 없는 일이기 때문에 하루하루를 소중하고 알차게 보내야 한다는 이야기를 하는 것도 좋을 것이다.

5. [예시답]
   "휴~ 꿈이어서 다행이다. 아기가 되는 것은 정말 끔찍했어. 이제 젊어 보인다는 말이 그렇게 반갑지는 않아."
   "나이가 드는 것은 어쩔 수 없군. 드디어 나에게도 흰머리가 생기다니……."
   [길라잡이]
   6쪽의 아빠의 표정과 28쪽의 아빠의 표정을 자세히 살펴보고 어떻게 변화하였는지 이야기한다. 그림책은 그림이 중요하기 때문에 그림을 자세히 살펴보는 일은 항상 중요하다.

6. [예시답]
   **속지를 기준으로 하여**
   **9쪽** – 기타리스트 그림에서 기타의 윗부분이 젖병으로 되어 있는 부분, 아빠 뒤의 시곗바늘이 거꾸로 돌아가고 있는 부분, 문손잡이의 노리개 젖꼭지
   **10쪽** – 전시된 장난감들 사이에 있는 젖병들, 당구대 위에 놓인 장난감 공, TV 속의 피터팬, 아기 사진
   **11쪽** – 벽에 걸린 그림에 있는 젖병, 운동 기구 옆에 있는 딸랑이
   **12쪽** – 꽃 그림이 그려진 베이비파우더(이 부분은 굳이 찾아내지 않아도 무방하다)
   **14쪽** – 침대 헤드 부분의 젖병 모양, 어린이용 영양제
   **15쪽** – 스위치에 그려진 기저귀 핀, 젖병 모양의 문손잡이
   **25쪽** – 살바도르 달리의 '꿈'
   [길라잡이]
   그림책 곳곳에 메시지를 이해할 수 있는 많은 상징과 암시, 유명 예술 작품 패러디 등을 찾아보면서 그림책을 보는 재미를 느껴보도록 한다.
   곳곳에 숨겨진 딸랑이, 장난감 공, 베이비파우더, 어린이용 영양제, 기저귀 핀 등의 아기 용품은 젖병과 더불어 아빠가 아기가 될 것이라는 암시를 미리 하고 있는 그림이다. 또한 25쪽에 그려진 살바도르 달리(스페인, 초현실주의 작가, 1904-1989)의 '꿈'이라는 작품을 통해 아빠의 꿈과 환상, 잠재의식 등을 표현하고 있다.

##  책을 내 것으로 만드는 아이들(10~11쪽)

1. [예시답]
   · 다른 사람들은 우리 아빠를 만능 스포츠맨이라고 말하지요. 왜냐하면 골프, 테니스, 수영, 등산 등 못하는 운동이 없기 때문입니다.
   · 다른 사람들은 우리 아빠를 엄마의 동생이라 말하지요. 왜냐하면 아빠가 엄마보다 덩치가 작기 때문입니다.
   [길라잡이]
   정해진 답이 없으므로 아빠의 모습을 떠올려서 아빠에

대해 이해하고 생각해 보도록 하는 데 중점을 둔다.

2. [예시답]
   - 우리 아빠는 의심이 많기 때문에 아예 마시지 않을 것이다.
   - 음료수를 만든 회사에 가서 먹는 방법, 부작용 등을 자세히 알아볼 것이다.
   - 할머니, 할아버지께 먼저 드릴 것이다.
   - 엄마랑 같이 나누어 먹을 것이다, 등

   [길라잡이]
   정해진 답이 없지만 그 이유를 들어 보면 아빠의 성격을 알 수 있을 것이다. 아빠를 다시 한 번 생각해 보는 데 중점을 둔다.

3. [예시답]
   - "꺅! 큰일 났다. 어떡해. 누가 119 좀 불러줘요. 우리 남편이 애기가 됐어요."
   - "나도 어려지고 싶었는데, 잘 됐네. 나도 그 음료수 한 번 먹어 봐야겠다."

   [길라잡이]
   평소 엄마의 모습을 떠올려 보고 엄마의 반응을 예상해 보도록 한다.

4. [예시답]
   - 우리 아빠는 33세로 젊어졌으면 좋겠어요. 왜냐하면 그때는 흰머리가 없었기 때문입니다.
   - 우리 아빠는 13살로 젊어졌으면 좋겠어요. 왜냐하면 나에게도 형(오빠)같은 사람이 있으면 좋을 것이기 때문입니다.
   - 우리 아빠는 39세로 젊어졌으면 좋겠어요. 왜냐하면 내가 다섯 살로 돌아가고 싶기 때문입니다.
   - 우리 아빠는 8살로 젊어졌으면 좋겠어요. 왜냐하면 나하고 재미있게 놀 수 있기 때문입니다.

   [길라잡이]
   정해진 답이 없으므로 아빠의 모습을 떠올려서 아빠와 아이의 관계에 대해 이해하고 생각해 보도록 하는 데 중점을 둔다.

5. [예시답]
   존은 아빠에게 말했어요. "아빠, 흰머리가 난 아빠 모습도 멋있어요." 존의 아빠는 이제 더 이상 젊은 사람들이 입는 옷을 자주 입지도 않고, 머리 모양을 자주 바꾸지도 않아요. 혼자서 시끄러운 음악을 듣는 대신 존과 함께 노래 부르기를 좋아해요. 커다란 방에는 존과 아빠의 장난감이 가득하지요. 존의 아빠는 존을 자전거 뒤에 태우고 산책 나가는 것도 빠뜨리지 않아요. "여보, 당신은 지금 그대로의 모습이 아름다워." 아빠는 엄마에게 이렇게 말하곤 해요. 엄마는 이제 더 이상 아빠를 '다 큰 아기'라고 부르지 않는답니다.

   [길라잡이]
   흰머리가 나기 이전의 모습을 다시 한 번 떠올려 보고 아빠의 행동이 어떻게 변화하게 될 것인지 이야기를 충분히 나눈 후 뒷이야기를 쓰도록 한다. 흰머리가 난 이후의 아빠의 행동이 완전히 변하는 쪽으로만 유도하지 않도록 주의한다.

##  아이들을 위한 PSAT와 LEET(12~13쪽)

1. [정답] | ③
   [길라잡이]
   밑줄 친 ㉠과 같은 행동은 바로 앞의 문장에서 젊게 보이고 싶어서 하는 행동이라고 명시되어 있으므로 정답은 ③이다. ①, ②, ④, ⑤는 ㉠의 행동과는 거리가 멀다. ②를 답으로 고른 친구들도 있겠지만 그것은 정답이 아니다. 왜냐하면 멋을 부리는 것은 어린이나 할아버지들도 가능하기 때문이다. 즉 여기서는 멋을 부리는 이유를 젊게 보이려고 하는 행동으로 이해해야 한다는 뜻이다.

2. [정답] | ④
   [길라잡이]
   본문은 아프면 큰일이 난 것처럼 이불을 뒤집어쓰고, 법석을 피우며 엄살을 떠는 아빠에 관한 내용이다. ①, ②, ⑤는 본문의 내용과는 거리가 멀고, ③은 독감에 걸린 것이 아니라 감기 기운이 있는 것뿐이므로 정답이 아니다. 아빠는 약간 아픈 것뿐인데 큰 병에 걸린 것처럼 행동하니까 엄살이 심하다고 할 수 있다. 따라서 정답은 ④이다

3. [정답] | ⑤
   [길라잡이]
   물론 이런 음료수는 없다. 그래서 문제에서는 "이 내용이 사실이라고 가정하면"이라는 단서가 붙어 있다. ①은 나이가 듦을 암시하는 그림이고, ②, ③, ④는 아빠가 젊어 보이기 위해 하는 행동을 나타낸 그림이므로 적당하지 않다. 현재의 아빠보다 더 젊어진 그림이 있으면 그것을 정답이라고 할 수 있지만 그런 그림은 없다. 따라서 정답은 음료수를 마시고 아기가 된 아빠의 모습을 나타내고 있는 ⑤이다.

# 소리괴물

 책을 펴는 아이들(15쪽)

1. [정답] | ②
[길라잡이]
'귀를 기울인다'는 말은 집중하여 성심껏 잘 듣는다는 것을 뜻한다. 그러나 '말을 듣지 않는 것'과 '귀에 들어오지 않는다'는 말은 '귀를 기울인다'는 말과 정반대의 말이다. 그리고 '말을 알아들을 수 없는 것'은 들어도 무슨 뜻인지 모르는 경우도 있으니 '말을 듣지 않는 것'과는 조금 다르다. 그러나 결과적으로 무슨 말인지 모르는 것이니 못 듣는 것이라고 말할 수 있다. 따라서 다른 세 개와 다른 것은 '귀 기울여 듣는 행위'라고 할 수 있다.

2. [정답] | ②
[길라잡이]
토론을 잘하기 위해서는 가장 먼저 다른 사람의 말을 잘 들어야 한다. 상대방의 말을 잘 들어야 그에 걸맞는 이야기를 할 수 있기 때문이다. 따라서 정답은 ②이다. 말을 또박또박하기 위해서도 일단 상대방의 말을 잘 듣는 것이 필요하다. 상대방의 말을 잘 듣지 않으면 엉뚱한 말을 '또박또박' 할 수도 있기 때문이다. 그리고 토론을 할 때는 상대방의 얼굴을 똑바로 쳐다보아야 한다. 그러나 어떤 경우에는 상대방의 얼굴을 똑바로 쳐다보는 행위가 공연히 상대방의 기분을 나쁘게 할 수 있다. 토론은 기분으로 이기고 지는 것이 아니다. 토론은 자신의 주장과 그에 따른 적절한 근거가 상대방보다 많고, 상대방의 주장을 적절한 근거와 더불어 틀렸다고 주장할 때 이겼다고 말할 수 있다. 토론을 잘하기 위해서는 일단 상대방의 말을 잘 들을 필요가 있다.

3. [정답]
① 다투다 ② 저물다 ③ 세포 ④ 사과하다 ⑤ 와글바글

 책을 다시 읽는 아이들(16~17쪽)

1. [정답]
사람들이 듣지 않은 말, 버려진 말 (10쪽, 11쪽)

2. [정답]
사람들이 우왕좌왕하며 달아났어요. 괴물 때문에 아무 생각도 일도 할 수 없었어요. 무슨 말을 하는지 알아들을 수 없으니 여기저기에서 사고가 일어났어요.
[길라잡이]
그림을 참고하면서 어떤 사고들이 일어났는지 구체적으로 말하도록 한다.

3. [정답]
세포가 없다. 사람을 해치지는 않는다. 아무것도 부수지 않는다. 힘을 전혀 쓰지 않는다.

4. [정답] | 점점 더 커졌다.

5. [정답]
사람들은 아주 작은 말에도 귀를 기울이기 시작했어요.
[길라잡이]
저학년 아이들의 경우, 책의 내용을 구체적으로 기억해 내는 것이 어려울 수 있다. 그런 경우에는 그림을 보여 주면서 발문을 진행해도 괜찮다.

6. [정답]
사람들이 기분 좋은 대화를 했기 때문에, 시끄럽던 세상이 조용해졌기 때문에

7. [정답] | 남극

8. [정답] | 고집쟁이

 책을 깊게 읽는 아이들(18~19쪽)

1. [예시답]
딴짓을 하느라, 무시해서, 자기 말만 하고 싶어서
[길라잡이]
듣는 사람의 입장과 말하는 사람의 입장으로 나누어 생각해 볼 수 있다. 사람들이 왜 서로의 말에 귀를 기울이지 않는지 그 이유에 대해 좀더 깊게 생각해 보아야 한다. 우리가 주변에서 흔히 겪는 일들을 되돌아보면 더욱 쉽게 대답할 수 있을 것이다. 어떤 사람은 다른 사람의 말은 듣지 않고 자기 말만 한다. 그리고 어떤 사람은 다른 사람이 말할 때 휴대폰을 보거나 건성으로 듣는다. 간혹 일부의 사람은 다른 친구가 가난하거나 공부를 못하면 그 친구의 말을 무시하기도 한다. 이와 같은 행동은 올바른 행동이 아니다. 다른 사람의 말을 잘 듣는 것이 무엇보다도 중요하다.

2. [예시답]
왼쪽 그림은 사람들이 다른 사람들의 말을 잘 듣지 않는 것을 보여 주고, 오른쪽 그림은 다른 사람의 말을 귀기울여 듣는 모습을 보여 주고 있다.
[길라잡이]
다른 사람의 말을 듣지 않는 사람들과 다른 사람의 말을 귀기울여 듣는 사람들의 행동과 표정이 대조적이다. 행동과 표정을 구체적인 말로 표현하면서 그 의미를 이해해 보도록 한다.

3. [정답]
④ 어디로 가야 할지 몰라 당황하다.
[길라잡이]
오른쪽 우(右)와 왼쪽 좌(左)의 뜻을 설명하며 생각해 보

도록 한다. ②와 ④의 차이를 구체적으로 생각해 보게 한 후 어려워할 경우 설명해 준다. 어디로 가야 할지 고민하는 것은 왔다갔다하는 모습이 아니라 한 곳에 서서 고민하는 모습일 것이다. 우왕좌왕(右往左往)하는 모습은 오른쪽 왼쪽 또는 이쪽으로 갔다 저쪽으로 갔다 하는 모습으로 사람들이 그때그때의 상황에 따라 이리 쏠리고 저리 쏠리는 모습이다.

4. **[예시답]**
소리 괴물 때문에 다른 사람의 말을 못 듣는 것이 너무 답답하고 다른 사람의 말을 듣는 것이 필요하고 중요하다는 의미이다.
**[길라잡이]**
왜 사람들이 '다른 사람들이 하는 말을 잘 들을 수 있다면 얼마나 좋을까…….' 하고 말하게 됐을까를 생각해 보도록 한다. "괴물을 물리치려고"라고 대답하는 아이들이 있다면 잘 듣는 것이 왜 괴물을 물리칠 수 있는 것인지 얘기해 보도록 한다.

5. **[예시답]**
서로 칭찬하는 대화, 무시하거나 비난하지 않는 대화, 잔소리가 없는 대화
다른 사람의 마음을 이해해 주는 대화
**[길라잡이]**
서로 듣고 말하는 과정을 반복하는 것만이 대화는 아니다. 아이들이 생각하는 기분 좋은 대화는 어떤 대화인지 얘기해보도록 한다. 구체적으로 정하기 어려워한다면 자기가 들어서 기분이 좋았던 말을 얘기해 보도록 한다. "자기 기분을 맞춰 주는 대화"라고 말할 수도 있지만, 아부는 다른 목적이 있어서 일방적으로 좋다고 하는 것이기 때문에 상대방에게 큰 도움이 되지 않는다고 말해 줄 필요가 있다. 사실을 무시하면서까지 상대방의 기분에 맞추어 주는 아부는 좋은 것이 아니라 그 사람을 망칠 수 있다. 좋은 대화란 서로에게 발전이 되는 대화임을 알려 준다.

 ## 책을 내 것으로 만드는 아이들(20~21쪽)

1. **[예시답]**
"고마워", "친하게 지내자", "그렇게 어려운 일을 해내다니 너는 참 대단해", "사랑해", "착하구나", "효도", "행복하다", "멋지다", "운동을 잘하는구나", "멋지다", "예쁘다", "아름답다", "잘한다", "훌륭한 일을 내냈구나." 등
**[길라잡이]**
책에서는 버려지는 말들, 귀기울여 듣지 않은 말들이 모여 나쁜 소리괴물이 되었다. 그런 괴물을 이길 수 있는 좋은 소리괴물을 만들어 보는 활동이다. 나쁜 말보다는 좋은 말을 많이 쓰거나 말하는 것이 아이들의 정서 발달에도 도움이 된다. 아이들 주위에서 들을 수 있는 말 또는 이미 많이 들었던 말들을 근거로 자신의 경험을 돌이켜보며 확실한 단어들을 써서 그림을 완성하도록 한다. 가장 많이 쓴 아이에게 조그만 선물을 주어도 좋을 것이다.

2. **[예시답]**
미안해요, 속상해요,
후회해요 – 친절하게 말할 걸.
반성해요 – 앞으로는 남의 말을 잘 들어야지.
**[길라잡이]**
우리가 무심코 했던 말들과 아무도 듣지 않은 말들이 모여 다른 사람을 괴롭히는 괴물을 만들었다면 그 괴물은 우리가 만든 괴물이라고 해도 과언이 아닐 것이다. 그런 괴물을 생각하는 활동은 우리 자신의 말과 행동을 돌아보는 활동이라고 할 수 있다. 우리가 이미 했던 말과 행동이 괴물을 만들어 다른 사람을 괴롭힌다면 어떨지 말해 봄으로써 반성하는 시간을 가져 보는 것도 좋을 것이다.

3. **[예시답]**
**귀를 기울이지 않았을 때의 결과** – 오해하고 싸운다. 일을 망친다. 엉뚱한 일을 하게 된다, 엄마한테 혼나요.
**다른 사람의 말을 잘 듣는 방법** – 눈을 보고 들어요. 고개를 끄덕이며 모르는 것은 물어봐요. 맞장구를 쳐 준다.
**[길라잡이]**
책에서는 여러 가지 사고가 발생한다. 아이들에게 가정과 학교라는 구체적 장소를 제시한 후에 대답을 유도한다. 다른 사람의 말을 잘 듣는 방법은 소통이 잘 되었던 자기 경험을 이야기하면 무난하게 설명할 수 있다. 말을 잘 들으면 좋은 것이 무엇인지를 이야기한다면 경청의 중요성도 알 수 있을 것이다. 공부를 잘하는 아이는 공부하는 시간이 많기도 하지만, 무엇보다도 선생님 말씀을 잘 듣는 아이라는 사실을 알려 줄 필요도 있다.

4. **[예시답]**
아이 : 아~ 정말 따뜻해. 나는 엄마 냄새가 참 좋아. 엄마도 내가 좋아?
엄마 : 엄마는 우리 딸이 정말 좋다. 아직 젖 냄새가 나는 것 같아.

아들 : 아빠! 나 오늘 친구랑 말다툼했는데 내가 먼저 미안하다고 사과했어.
아빠 : 아들, 참 잘했다. 먼저 사과하는 사람이 훌륭한 사람이야.

친구1 : 야, 너 교실 청소 안 하고 그냥 가?
친구2 : 어머니가 병원에 입원하셨어. 오늘을 내가 빨리 가서 어머니 병간호를 해야 해. 내가 먼저 가는 것을 이해해 주라. 다음에는 내가 청소를 한 번 더 할게.

[길라잡이]
정해진 답은 없다. 아이들의 다양한 대답을 유도해 보도록 한다. 상대방의 입장이 되어 듣고 싶은 말이 무엇인지 생각하면 쉽게 풀어 갈 수 있을 것이다.

5. [예시답]
남극에서 사라졌던 소리 괴물이 이번에는 밤에 피아노 치는 소리, 집안에서 쿵쿵 뛰는 소리, 영화관에서 떠드는 소리, 박물관에서 카메라 찍는 소리 등으로 만들어진 더 복잡한 괴물이다. 이 괴물을 본 사람들은 서로를 공격하는 사람들로 변해 갔다. 더 막강해진 괴물과 싸우던 사람들은 더 빨리 지쳤다. 그런데 이 괴물은 공격을 받을 때마다 가슴에 있는 화면에 소리로 고통받는 사람들을 보여 주었다. 사람들은 그 화면을 보고 놀랐다. 그래서 사람들은 집안에서 뛰지 않기 시작했고 밤에 악기를 연주하지도 않았다. 그 모습을 본 소리괴물은 눈물을 흘리며 녹아내렸다.

[길라잡이]
뒷이야기 쓰기는 기존 이야기를 잘 이해했는지를 알아볼 수 있는 독후 활동이다. 뒷이야기를 쓸 때는 앞의 이야기와 모순되는 이야기를 하면 안 된다. 이야기의 흐름에 연속성이 있어야 한다. 이야기 다시 쓰기는 주제도 변할 수 있지만, 뒷이야기 쓰기는 기존 이야기와 어울리는 이야기여야 한다. 우리 주변에 버려진 말들이나 툭툭 던지는 말들 중에 서로에게 방해가 되는 소리에 또 어떤 것이 있을지를 고려하고 그로 인해 어떤 문제가 생길지를 생각하면 어렵지 않게 쓸 수 있을 것이다.

 ## 아이들을 위한 PSAT와 LEET(22~23쪽)

1. [정답] | ⑤
[길라잡이]
지문을 근거로 해서 괴물이 이상하다는 말의 이유(까닭)를 찾는 추론 문제이다. ①과 ③은 지문에 없는 내용이다. 따라서 정답이 아니다. 본문에 사람을 해치지 않는다, 부수지 않는다라는 문장을 근거로 괴물이 공격적이지 않음을 알 수 있다. 따라서 ②도 정답이 아니다. 괴물은 세포가 없지만 괴물의 크기가 변한다고 했기 때문에 형태가 없다고 말할 수 없다. 따라서 ④도 정답은 아니다. 사람을 해치지 않는다는 특징 등을 볼 때, 지문에 나타난 괴물은 우리가 나쁘다고 여기는 여느 괴물처럼 사악한 괴물이 아니다. 따라서 정답은 ⑤이다. 다시 말하면 "괴물들이 하는 행동을 거의 하지 않는다. 따라서 진짜 이상한 괴물이다."라고 요약할 수 있다.

2. [정답] | ①
[길라잡이]
지문의 중심 내용을 이해하며 제목을 다는 문제이다. 전체를 일반화하는 능력을 요구한다. 과학자들의 대화를 통해서 적절한 제목을 유추할 수 있다. 세포가 없고, 어디서 생겨난 것인지도 모르고, 소리는 무시무시한데 사람을 해치지는 않으며, 아무것도 부수지 않고, 힘을 전혀 안 쓴다는 것은 괴물의 특징이라고 할 수 있다. 그래서 정답은 ① 소리괴물의 특징이다.
지문에는 ②의 소리괴물의 마음을 나타내거나 암시하는 부분이 없다. 그래서 정답이 아니다. ③은 소리괴물의 모습을 언급하고 있지만 모습만 설명하는 것은 아니다. 소리도 내고 사람을 해치지 않는 것은 '모습'이라고 하기에는 부족하다. ④ 소리괴물은 세포가 없고 어디서 생겨났는지를 이야기하고 있기 때문에 소리괴물의 행동도 적절한 답이 아니다. 지문에는 소리괴물의 탄생을 묻는 질문이 있지만 그에 대한 구체적인 답변은 나와 있지 않고 탄생이 중요한 것도 아니다. 괴물이 어떤 괴물인지가 더욱 중요하다. 따라서 ⑤도 정답과는 거리가 멀다. 지문의 핵심은 과학자들이 소리괴물을 분석한 결과 발견한 특징들이다. 따라서 정답은 ①이다.

3. [정답] | ④
[길라잡이]
이 문제는 아이들의 지문 이해 능력을 알아보는 문제이다. 소리괴물의 몸에서 무엇인가가 조금씩 떨어져 나간 이유는 아들과 아빠의 대화처럼 사람들의 기분 좋은 대화가 끊임없이 이어졌기 때문이다. ①에서처럼 대화는 계속되지만 어떤 대화인지 알 수 없다. 그래서 정답이 아니다. ②는 대화와 상관없는 내용이며, ③처럼 먼저 사과를 했다는 것만으로 기분 좋은 대화라고 하기는 어렵다. 끊임없이 이어져야 한다는 의미가 있어야 한다. 앞뒤의 기분 좋은 상황을 좀더 이야기해야 적절할 것이다. 아빠와 아들이 친하게 지내는 것도 좋은 행동이지만 그것만으로는 전체의 맥락을 이해하는 데는 문제가 있다. 따라서 ⑤도 정답이 아니다. 소리괴물의 몸에서 무엇인가 조금씩 떨어져 나간 이유는 크게 볼 때 ④처럼 서로의 대화에서 버려지는 말이 없이 서로의 대화를 정답게 끊임없이 이어 나갔기 때문이라고 할 수 있다. 따라서 정답은 ④이다.

# 901호 띵똥 아저씨

###  책을 펴는 아이들(25쪽)

1. **[정답]** | ⑤ 층간 소음 문제
   **[길라잡이]**
   아파트에 살 때 가장 크게 문제가 되는 것은 동네마다 다르고 집집마다 다를 수 있으나, 현재 통계상(2022년) 층간 소음 문제가 단연 1위이다. 그다음이 흡연 문제이고 3위가 주차 문제이다. 반려동물과 쓰레기 방치 및 투기 문제가 4위와 5위이다. 이 순위는 사회가 바뀌고 사람들의 인식이 바뀌면 달라질 수 있다.

2. **[정답]**

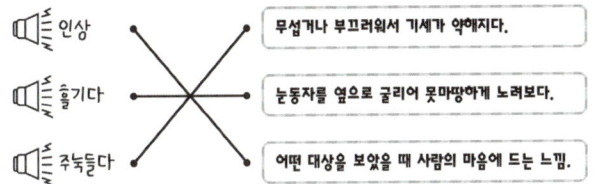

3. **[정답]**
   ① 연신  ② 호통  ③ 한숨  ④ 굽신  ⑤ 삿대질

###  책을 다시 읽는 아이들(26~27쪽)

1. **[정답]** | 10층
2. **[정답]**
   층간 소음 전용 실내화 신기. 두툼한 이불 깔기. 매트 깔기. 쉬쉬쉭 걸음으로 걷기.
3. **[정답]** | 발뒤꿈치를 들고 재빠르게 뛴다.
4. **[정답]**
   어쨌든 거짓말은 나쁜 것이라고 생각해서.
5. **[정답]**
   "우리 집 애들은 다 영어 캠프 가고 없고, 우리 부부는 자고 있었는데 대체 왜 그러는 겁니까?"라고 거짓말을 했어요.
6. **[정답]**
   케이크를 선물하는 것으로 착각해서 (산이가 얼굴을 가리려고 케이크 상자를 높이 들고 인사한 건데, 아저씨는 케이크를 선물하는 것으로 착각해서)
7. **[정답]**
   발소리가 울리지 않게 하려고 더욱 조심했어요.
8. **[정답]** | 위층에 케이크를 선물해요.

###  책을 깊게 읽는 아이들(28~29쪽)

1. **[예시답]**
   **아저씨** : 위층에서 그렇게 마음놓고 쿵쾅거리며 뛰어다니면 아래층 사는 우리는 시끄러워서 어떻게 살라는 겁니까? 도대체 애들 교육을 어떻게 시키는 겁니까?
   **엄마** : 정말 죄송해요. 다시는 그렇게 뛰어다니지 않도록 교육시킬게요. 시끄럽게 해서 정말 죄송합니다.
   **[길라잡이]**
   각자 역할을 정하여 역할극을 하거나 상황에 맞는 대화를 구사할 수 있도록 지도하면 더욱 효과가 있을 것이다. 이 문제는 층간 소음에 대해 위층과 아래층이 서로의 입장을 이해하고 어떤 마음으로 지내야 큰 문제가 없는지를 생각하는 데 그 목적이 있다. 그래야 책 속에 등장하는 인물들의 마음을 실감할 수 있을 것이기 때문이다.

2. **[예시답]**
   (큰 북을 울리는 것처럼) 시끄러운 소리를 만들어 냈다.
   **[길라잡이]**
   "층간 소음을 유발했다."는 의미를 "큰북을 울렸다."라고 비유적으로 표현하고 있다. 이와 비슷한 표현이 있는지 물어보는 것도 좋은 지도가 될 것이다.
   가령, "얼굴이 보름달이다."라는 말은 "얼굴이 둥글다"거나 "얼굴이 하얗고 훤하다"는 의미로 사용할 수 있다. 또 "두 친구의 눈에서는 불꽃이 일었다."라는 표현은 서로 상대방을 노려보고 있다거나 적개심으로 인대 싸울 것 같다는 의미로 사용할 수 있다. 이렇듯 비유적인 표현은 사실을 좀더 멋지고 실감나게 표현하는 데 사용한다.
   "저놈은 친구 따라 강남 간 거야."와 같이 속담을 이용하여 "자기가 가야 할 일도 없는데 친구가 간다니까 무작정 따라"간 경우를 표현할 수도 있다. 우리가 큰 문제가 되지 않거나 아주 적은 경우에 이야기하는 "새 발의 피"와 같은 표현도 비유적인 표현의 하나이다.

3. **[예시답]**
   **아빠가 한 말** : 이 실내화를 신고는 마음껏 뛰어다녀도 된단다.
   **내가 아빠라면** : 이 실내화를 신고도 조용히 걸어다녀야 한단다.
   **[길라잡이]**
   "이 실내화를 신고는 마음껏 뛰어다녀도 된단다."라는 말을 통해 마음껏 뛰어다닌 결과로 여전히 층간 소음이 발생했음을 유추할 수 있다. 그러나 좋은 실내화를 신었다고 해도 층간 소음을 완전히 없앨 수는 없다. 따라서 층간 소음 억제하는 실내화를 신었다고 해도 소리가 나지 않을 정도로 걸어야 한다는 것을 주지시킬 필요가 있다.

4. **[예시답]**
   **이렇게 말한 까닭** : 아래층에서 올라와 시끄럽다고 항의하는 것이 귀찮고 짜증이 났기 때문에.
   **아저씨의 속마음** : 조용히 시켜도 아이들이 어려서 한 번씩 뛰어다니는 걸 어쩌란 말인가. 물론 시끄럽게 한 것은 미안한 일이지만 이게 위층으로 쫓아와서 그렇게 크게 화낼 일인가?
   **[길라잡이]**
   아빠가 901호 띵똥 아저씨에게 거짓말을 했듯이 위층 아저씨도 아빠에게 똑같이 거짓말을 하는 장면이다. 상대방의 처지나 입장에서 생각하여 보는 역지사지(易地思之)의 자세에 대해 생각해 보도록 지도한다.

##  책을 내 것으로 만드는 아이들(30~31쪽)

1. **[정답]** | 배려, 이해
   **[길라잡이]**
   이 외에도 다른 것이 있는지 물어보는 것도 좋을 것이다.

2. **[길라잡이]**
   한 가지 사건을 정하여 간단히 설명하고, 개성 있는 만화로 표현한다. 만화는 그림 그리는 실력도 중요하지만 줄거리가 더욱 중요하다. 아이들이 그림을 그리면 그림이 멋있어도 칭찬해 주어야 하지만 줄거리가 멋지면 더 칭찬해 줄 필요가 있다.

3. **[예시답]**

나의 발명품 제트팩을 등에 메면 집안에서 바닥으로부터 3cm 높이로 떠다니게 된다. 그래서 아이들이 아무리 쿵쿵 뛰어다니고 신나게 놀아도 아래층에 시끄러운 소리가 나지 않는다.

   **[길라잡이]**
   층간 소음을 줄이기 위한 발명품 구상을 통해서, 이웃을 배려하는 마음을 구체적인 생각과 활동으로 표현하고 발표하도록 지도한다.
   실제로 사람들이 조심해서 걷는 것만으로 층간 소음을 없애기에는 한계가 있을 수밖에 없다. 물론 공동 주택에서 걸음을 걷거나 물건을 옮길 때 조심해야 하지만 근본적으로는 아파트나 공동 주택을 지을 때 층간 소음을 억제하는 건축 자재를 사용하고 아파트의 바닥 두께를 좀 더 두껍게 하여 소음을 줄이는 방법을 채택할 필요가 있다. 건축 비용이 좀더 많이 들어감으로써 분양 비용이 올라간다는 단점이 있으나 장기적으로 보면 층간 소음으로 인한 분쟁을 줄이고 공동 주택 전체의 분위기를 좋게 만들기 때문에 약간의 비용 상승은 감수해야 한다. 층간 소음과 관련된 건축 기준을 어기는 건설 회사는 엄격히 처벌하고 문제가 발생하면 그에 따른 비용을 물리는 것도 필요하지만, 주민들부터 서로의 입장을 이해하고 층간 소음 문제가 발생하지 않도록 노력하는 것이 먼저일 것이다.

4. **[예시답]**
   **나도 작가~**
   1101호의 문이 열리자 아빠와 산이, 별이는 깜짝 놀랐어요. 1101호 아저씨 뒤에 축구선수 박지성 선수가 서 있지 뭐예요. 박지성 선수는 위층 아저씨 동생인데 휴가를 받아 놀러왔대요. 그래서 아이들과 노느라 시끄러웠던 거라고 미안하다고 사과를 했어요. 1101호 아저씨가 놀라는 산이네 가족을 들어오라고 초대했어요. 그래서 산이와 별이는 1101호에 들어갔어요. 들어가 보니 1101호에는 아들이 셋 있는데 둘째가 산이랑 같은 반 친구 현수였어요. 산이랑 현수는 단짝 친구가 되어 아침에 학교에도 같이 가고 매일 같이 놀아요. 박지성 선수가 1101호에 놀러오는 날은 산이네 가족과 함께 운동장에 가서 신나게 축구를 했답니다.

   **[길라잡이]**
   여운을 남기며 마무리된 책의 뒷이야기를 아이들로 하여금 상상하여 지어 보도록 한다. 등장인물, 사건, 결말을 새롭게 꾸며 쓰면 이야기의 재미를 더할 수 있고, 이야기를 새로운 관점에서 이해할 수도 있다.

##  아이들을 위한 PSAT와 LEET(32~33쪽)

1. **[정답]** | ④
   **[길라잡이]**
   밑줄 친 문장의 까닭(이유)를 찾는 문제이므로 밑줄 친 문장은 결과가 된다.
   **까닭** : 발소리가 들리면 띵똥 아저씨가 올라와 벨을 눌렀다.
   **결과** : 그래서 산이와 별이는 발뒤꿈치를 들고 걸었다.
   ①의 토요일이 되었다는 것은 밑줄 친 문장과는 직접적인 관계가 없고, ②의 그때 또 벨이 울렸다는 문장은 그 뒤의 내용에 비추어 발소리와 무관하다는 것을 알 수 있다. 그리고 ③의 아빠가 거실 바닥에 엎드려 귀를 댄 것

은 소리가 들리는지를 알아보기 위해서 한 행동일 뿐 밑줄 친 문장의 까닭이 아니다. 그리고 ⑤의 "산이네 가족은 소리 내어 웃으며 오랜만에 마음 편히 피자를 먹었다."는 문장도 밑줄 친 문장의 까닭도 아니고 결과도 아니다. 산이와 별이는 발뒤꿈치를 들고 걸었기 때문에 "발소리 대신 바람 소리만 들렸어요."라는 문장은 밑줄 친 문장의 결과라고 할 수 있다.

2. [정답] | ④
[길라잡이]
①은 늘 입버릇처럼 말하던 것이 마침내 진짜가 되어 버렸을 때 이르는 말이고, ②는 아무리 재주가 뛰어나다고 하더라도 그보다 더 뛰어난 사람이 있다는 뜻으로 스스로 뽐내는 사람을 경계하여 이르는 말이다. 따라서 정답이 아니다. ③은 아무리 무식한 사람이라도 유식한 사람과 함께 있으면 자연히 견문이 넓어진다는 말로서 지문과 상관이 없는 말이지만 ④는 자기가 남에게 말이나 행동을 곱게 하여야 남도 자기에게 곱게 대한다는 의미로 말의 중요성을 강조한 속담이기 때문에 이것이 정답이다. ⑤는 아무도 안 듣는다고 하더라도 말조심을 해야 한다는 말로 지문의 상황과는 무관하다.

# 생태 통로

###  책을 펴는 아이들(35쪽)

1. [예시답]
노루, 고라니, 멧돼지, 너구리, 살쾡이, 족제비, 산토끼, 오소리

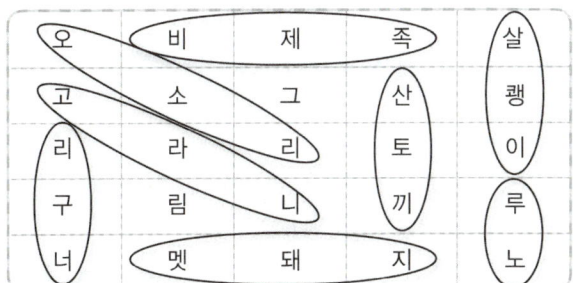

[길라잡이]
책을 읽기 전, 책을 훑어보면서 하는 활동이다. 책 속의 그림과 함께 동물 이름을 맞춰 보는 시간도 가져 본다. 우리 주변에 어떤 야생 동물이 있는지 낱말 찾기 활동을 통해 평소 알지 못했던 야생 동물에 대해서 이야기해 보는 시간을 가지도록 한다.

2. [정답]
① 샅샅이 ② 통로 ③ 생태 ④ 활공 ⑤ 비막

###  책을 다시 읽는 아이들(36~37쪽)

1. [정답]
하늘다람쥐한테는 높은 나무가 '길'이기 때문이다.

2. [정답]
바퀴 괴물(자동차)이 무서워서 길을 건너지 못하기 때문이다.

3. [예시답]
지나가던 자동차에 치였다.
[길라잡이]
책에서는 다음 내용이 생략되었지만 이야기의 흐름에 따라 유추할 수 있는 답이다. 앞과 뒤의 내용을 함께 이야기하며 답을 찾아낼 수 있도록 유도한다.

4. [정답]
동물이 다닐 수 있는 새 '길'을 만들어 주기로 하였다. 또는 '생태 통로'를 만들어 주기로 하였다.

5. [정답] | 두꺼비, 뱀, 족제비, 산토끼, 오소리
[길라잡이]
'터널형 생태 통로'를 이용하는 동물뿐 아니라 어떤 곳에 '터널형 생태 통로'를 만드는지도 찾아보도록 한다. '터널형 생태 통로'는 자동차가 많이 다니는 도로 밑에 터널을 뚫어서 만든다.

6. [정답] | 육교형 생태 통로
7. [정답] | 어도
[길라잡이]
어도(魚道)는 '물고기가 다니는 길'이라는 한자어이다.
8. [예시답]
사람들이 도로 양쪽에 세워 준 기다란 막대기를 이용하여 갈 수 있었다.

 ### 책을 깊게 읽는 아이들(38~39쪽)

1. [예시답]
"자동차는 정말 무섭구나. 근처에 가지 말아야겠어."
"우리 친구가 죽었어. 정말 슬프다."
"나쁜 자동차!"
[길라잡이]
사람의 입장에서 보면 자동차는 편리한 수단이지만 동물의 입장에서는 그렇지 못함을 생각하게 하는 문제이다. 사람의 입장이 아닌, 동물의 입장에서 자동차가 다니는 도로를 바라보고 피해를 입은 동물이 어떤 입장에 처했는지 느껴 보는 시간을 가질 수 있도록 한다.

2. [예시답]
"금방 갈게요."
"걱정 말아요."
"잘 지내고 있죠?"
[길라잡이]
제시된 글 다음에 암컷이 나무 구멍에서 새끼 다람쥐와 함께 나타나는 장면이 나온다. 이러한 장면을 통해서 수컷이 암컷을 걱정하는 말을 할 것이라고 예측할 수 있다. 수컷 다람쥐가 길이 막혀 사랑하는 암컷 다람쥐와 만나지 못해 어떤 기분일지 생각하게 한다.

3. [예시답]
먹을 것을 구하지 못하게 되었다.
가장 친한 친구를 잃게 되었다.
가족을 만날 수 없게 하였다.
[길라잡이]
글의 앞부분을 살펴보고 도로가 만들어지면서 동물들에게 어떤 일이 일어났는지를 종합하여 생각해 봐야 하는 문제이다. 앞부분에서 동물들은 도로 때문에 먹을 것을 구하지 못하고, 가장 친한 친구를 잃었으며 가족을 만날 수 없게 되었다.

4. [예시답]
"가족들을 만날 수 있겠어."
[길라잡이]
사람들이 세운 막대기를 보고 수컷 하늘다람쥐가 할 말을 예측해서 쓰도록 한다. 밑줄 그은 부분 뒤에 수컷이 환하게 웃었으므로 수컷이 가장 원하는 가족을 만나는 일이 해결된다는 것을 예측할 수 있다.

 ### 책을 내 것으로 만드는 아이들(40~41쪽)

1. [예시답]
매우 슬프고 보고 싶을 것이다.
[길라잡이]
자신이 가족을 만나지 못하는 상황을 생각해 봄으로써 동물들의 입장을 이해할 수 있다. 사람들이 가족들을 만나지 못해 느끼는 감정이 슬픔이라면 동물들도 마찬가지로 슬퍼할 것이다. 모든 동물은 가족을 사랑하기 때문이다. 사람들이 도로를 만들어 동물들이 서로 만나지 못하게 했다면 사람은 동물의 입장을 생각하여 동물들이 만날 수 있는 방법을 강구해야 한다. 서로 입장을 바꿔서 생각하면 좀 더 쉽게 이해할 수 있다. "그럼에도 불구하고 동물과 사람이 같냐?"고 되묻는 아이가 있다면 좋아하는 대상을 만나지 못해서 느끼는 감정은 동물이나 사람이나 마찬가지라고 설명하면 될 것이다. 이것은 생명체의 본성이기 때문이다.

2. [예시답]
**위험한 것** : 산에서 공사를 하는 중에 놓아 둔 공사 용품들
**해결책** : 야생 동물들이 함부로 건드려 위험에 처하지 않도록 공사 용품들을 잘 관리하는 것이 필요하다.
[길라잡이]
아이들의 실제 경험한 내용이 없거나 적을 수도 있다. 이때에는 직접 경험한 것이 아닌, 신문이나 TV 등의 대중 매체를 통해 본 것까지도 자유롭게 이야기할 수 있도록 한다.

3. [예시답]
① 나무가 있던 자리에 널찍한 도로가 생겼다. 또는 나무가 없어져 길을 건널 수 없게 되었다.
② 도로 양쪽에 기다란 막대기가 세워졌다.
[길라잡이]
이야기의 전체적인 내용을 정리할 수 있는 문제이다. 인과 관계(因果關係)를 잘 고려하여 적절한 문장을 간단하게 표현할 수 있도록 하는 것인데 아이들이 어려워한다면 책에 나오는 문장을 찾아 쓸 수 있도록 한다.

4. [예시답]

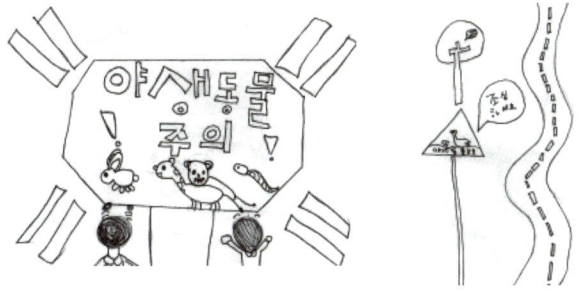

야생 동물 보호라는 범위 안에서 자유롭게 그릴 수 있도록 한다.
[길라잡이]
먼저 이야기의 내용을 생각하면서 자유롭게 표지판을 그릴 수 있도록 하고 그림을 그린 후에 우리나라뿐 아니라 다른 나라에서 사용하고 있는 표지판을 사례로 소개하며 자신이 그린 것과 비교하며 이야기하면 더욱 좋을 것이다.

5. [예시답]
   **생** : 생명이
   **태** : 태어나 자라고 서로
   **통** : 통하며
   **로(노)** : 노니는 길, 생태 통로
[길라잡이]
다양한 사행시가 나올 수 있도록 유도한다. 사행시를 짓고 서로 발표할 수 있도록 한다. 단, 책의 내용이나 주제에 어울리는 사행시를 지을 수 있도록 하는 것이 필요하다.

##  아이들을 위한 PSAT와 LEET(42~43쪽)

1. [정답] | ③
[길라잡이]
전체적인 줄거리를 찾아 요약할 수 있는 능력과 더불어 내용 전체를 일반화할 수 있는지를 알아보는 문제이다. 제시된 글은 하늘다람쥐가 비막을 이용해 나무와 나무 사이를 날아다니는 내용이 대부분이므로 ③ 하늘다람쥐의 멋진 비행이 제목으로 가장 어울린다.
①, ②, ④ 제시된 글에서 하늘다람쥐가 영리하다거나 위험하다는 내용은 찾을 수 없다. ⑤ 마지막에 사랑하는 짝을 찾아왔다고 했으므로 짝이 없다는 내용은 옳지 않다.

2. [정답] | ①
[길라잡이]
제시된 글의 내용을 파악하는 문제이다. 주어진 글만 가지고 문제를 풀 수 있도록 지도한다. ① 주어진 글에서는 바퀴 괴물 때문에 동물들이 가족을 만나지 못하고 먹이를 찾으러 가지 못한다는 내용이 대부분이다. 도로로 인해 편리해졌다는 내용은 찾을 수 없다. ② '쌩쌩, 널찍한 도로 위를 부아앙, 엄청난 소리를 내며 바퀴 괴물이 달려요.'에서 도로 위를 자동차가 지나다니고 있음을 알 수 있다. ③ '부아앙, 엄청난 소리를 내며 바퀴 괴물이 달려요.'라는 문장을 통해 자동차가 매우 빠르게 지나간다는 것을 알 수 있다. ④ '바퀴 괴물이 무서워 길을 건너지 못하니까요.'에서 동물들이 도로 위를 건너다니지 못함을 알 수 있다. ⑤ '사랑하는 가족을 못 만나게 됐어요.'를 통해서는 동물들이 도로 때문에 가족들과 헤어지게 되었음을 알 수 있다.

3. [정답] | ④
[길라잡이]
글의 전체적인 내용을 파악하여 요약하는 문제이다. 글의 지엽적인 부분만을 가지고 제목을 결정하지 않도록 지도한다. ① 동물들이 배가 고프다는 내용은 포함되어 있지만 전체를 포함하는 제목으로는 어울리지 않는다. 이 내용과 더불어 길을 건너지 못한다는 사실을 포괄하는 제목이 적절할 것이다. ②, ③은 도로 위를 달리는 자동차나 길을 건너지 못하는 동물을 이야기하지 않고, 자동차로 인해 동물들이 겪고 있는 아픔을 다루고 있다. ⑤ 동물들은 가족을 만나지 못하는 것뿐 아니라 먹이를 찾으러 가지 못하는 것도 제목에 포함되어야 한다. 제목을 정하는 활동은 아이들에게 어려운 과제일 수 있다. 제시된 글에 등장하는 내용이나 부분적인 내용은 전체적인 글을 제목으로 포괄하지는 못함을 자세하게 설명하도록 한다.

# 행복한 왕자

###  책을 펴는 아이들(45쪽)

1. [정답] | ① 납
   [길라잡이]
   금, 루비, 수정, 사파이어는 값이 비싼 보석이다. 보석은 돌이다. 그러나 납은 보석이 아니다. 납은 금속이다.

2. [정답]

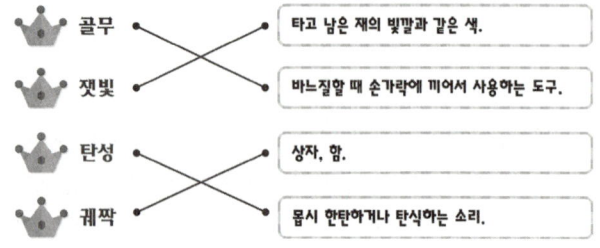

3. [정답]
   ① 가엾다 ② 기이하다 ③ 모질다 ④ 묶다 ⑤ 숭배하다

###  책을 다시 읽는 아이들(46~47쪽)

1. [정답]
   행복한 왕자가 살아 있을 때는 모든 세상 사람들이 행복한 줄 알았는데 죽어서 동상이 되니 세상에는 가난하고 어려운 사람이 많다는 것을 알았기 때문이다.
   [길라잡이]
   책마다 조금 다르지만 대부분의 경우에 "내가 죽자 사람들이 나를 이 도시의 온갖 추한 것과 비참한 것이 보이는 높은 곳에 세워 놓았단다. 비록 지금은 내가 납으로 된 심장을 가졌지만 울지 않을 수가 없구나."라고 나와 있다. 왕자가 말하는 온갖 슬픔의 원인이 무엇인지 파악할 수 있다면 더욱 좋을 것이다.

2. [정답] | 루비
3. [정답] | 사파이어로 된 눈 하나
4. [정답] | 이집트
   [길라잡이]
   배경지식 확장으로 이집트의 기후와 유명한 것들에 대해서 아이들로 하여금 이야기해 보게 하는 것도 좋을 것이다.
5. [정답] | 광장에서 성냥 파는 소녀
6. [정답]
   이 세상의 슬픔만큼 놀랍고 신비한 것은 없다고 이야기했다.
7. [정답] | 가난한 사람들
   [길라잡이]
   가난한 집에 병든 어린 소년과 너무 추워 글을 쓰지 못하는 청년, 성냥 파는 소녀, 대문 밖의 거지들을 통해 알 수 있다. 책에는 가난한 사람들이란 표현이 자주 등장한다.
8. [정답]
   행복한 왕자의 동상을 끌어내려 용광로에 넣고 녹여 버렸다.
9. [정답] | 행복한 왕자의 조각난 납 심장과 죽은 제비

###  책을 깊게 읽는 아이들(48~49쪽)

1. [예시답]
   다른 사람들을 돕는다는 것이 자신에게도 기분 좋고 행복한 일이라서.
   [길라잡이]
   낱말의 문맥적 의미를 묻는 문제이다. 단순히 몸의 온도가 올라가서 따뜻해졌다는 사전적인 의미가 아니다. 제비가 행복한 왕자를 도와줘서 자신의 마음의 행복감을 표현했음을 책 속의 문맥을 통해 추론할 수 있다.

2. [예시답]

|  | 부자들 | 가난한 사람들 |
|---|---|---|
| 어떤 사람들인가요?(신분) | 왕, 부자, 신분이 높은 사람 | 백성, 거지, 신분이 낮은 사람 |
| 옷차림은 어떤가요? | 화려하고 사치스럽다. | 옷이 얇고 추워 보인다. |
| 표정은 어떤가요? | 거만하고 욕심이 많다. | 불쌍해 보인다. |
| 어디에 있나요? | 훌륭한 저택 | 대문 밖 |
| 이 사람들에게 필요한 것은 무엇일까요? | 이해, 나눔, 슬픔 | 먹을 것, 입을 것, 사랑, 관심 |

[길라잡이]
부자들의 모습과 일반 백성들의 모습을 비교해 볼 수 있는 좋은 그림이다. 여러 가지 답이 나올 수 있으니 가능한 한 인정해 준다. 부자의 삶을 살았던 왕자와 동상이 되어 백성들을 바라보는 왕자의 생각이 어떻게 다른지 이야기해 본다. 표로 제시되어 있는 다섯 가지의 질문이 아니더라도 질문을 더 만들어 이야기해도 좋다.

3. [예시답]
   · 행복한 왕자의 심장은 납으로 되어 있었지만 뜨거운 자기희생을 실천하였으므로 죽어서도 녹지 않았다.
   · 사랑의 실천은 죽지 않고 영원히 남아 있다는 것을 상징적으로 이야기한 것이다.
   [길라잡이]
   납으로 된 심장이 녹지 않는다는 것은 영원함을 이야기하는 것이다. 심장이 영원할 수 있는 이유가 무엇인지 생각해 본다.

4. [예시답]
   ① 모든 사람이 다 똑같아야 하는데, 어떤 사람은 잘 먹

고 잘살지만 어떤 사람은 잘 먹지도 못하고 병원에도 잘 가지 못하기 때문이다.

② 사람이 고통받거나 비참하게 사는 것을 모두가 노력하면 해결할 수도 있을 것 같은데, 그렇지 못하기 때문이다.

③ 왕자일 때는 전혀 보지 못한 일이어서 고통받는 모습이 가장 신기한 얘기라고 하는 것 같다.

[길라잡이]
'행복한 왕자'는 왕자로 살 때는 백성들의 고통을 잘 몰랐지만, 동상으로 서 있으니 일반 국민들 가운데 비참하게 사는 사람들의 삶을 잘 알게 되었다. 그러니 왕자로 살 때는 꿈에도 생각하지 못한 가난한 사람들의 삶이 가장 신기했을 것이다. 잘사는 사람들은 비참하게 사는 사람들의 고통을 잘 알아야 한다는 의미를 담고 있다.

##  책을 내 것으로 만드는 아이틀(50~51쪽)

1. [예시답]
   · 행복한 왕자의 동상이 울고 있는 장면
   · 행복한 왕자가 자기 몸에 보석을 아낌없이 나눠 주는 장면
   · 제비가 자신을 희생하고 동상 발밑에서 죽은 장면
   · 제비가 보석을 나눠 주고 가난한 사람들이 행복해하는 장면
   · 천사가 납 심장과 죽은 제비를 가지고 온 장면

[길라잡이]
행복한 왕자를 읽고 가장 인상 깊었던 장면이 무엇인지 자유롭게 이야기 나눠 본다. 그리고 그렇게 생각하게 된 이유도 들어 본다. 가르치는 아이들이 많다면 아이들 저마다의 이유로 인해 다른 친구들도 다시 한 번 상상할 수 있을 것이다.

2. [예시답]
   · 이집트에 가지 않으면 너무 추워서 죽게 된다는 것을 알기 때문에 제가 만약 제비라면 도와주지 않고 이집트로 떠났을 거예요.
   · 가난한 사람을 도울 수 있는 기회니까 저도 제 몸을 희생해서 제비처럼 곁에 있어 줄 거예요.
   · 처음에는 많이 고민할 거 같아요. 하지만 이집트에 가서 편히 사는 것보다 더 의미 있는 일이기 때문에 전 제비와 같이 행동했을 거 같아요.

[길라잡이]
동화를 읽고 공감하는 것과 실제로 자신의 목숨을 희생해서 다른 사람을 도와주는 것은 다른 문제이다. 아이들의 마음에는 다른 사람들을 도와주는 마음을 갖게 하는 것만으로도 충분할 것이다. 아이들에게 무조건 희생을 강요하는 것은 옳지 않은 방법이다.

3. [예시답]
   · 불우 이웃 돕기에 적은 돈일지라도 성금을 낸다.
   · 봉사활동을 가서 일을 돕는다.
   · 나한테 필요 없는 물건을 기증한다.

[길라잡이]
저학년 아이들이 할 수 있는 방법에는 성금을 내는 방법이나 자신이 입던 옷을 기증하는 방법 정도일 것이다. 나이에 맞는 방법을 생각하는 것이 필요하다.

4. [예시답]
   **칭찬 스티커 이름** – 나눔상
   **칭찬 스티커 내용** – 자신의 목숨까지 내놓고 가난한 사람들에게 행복을 나눠 주었기에 칭찬 스티커를 드립니다.

[길라잡이]
책의 내용과 관련이 된다면 어떤 상이라도 상관이 없다. 그 의미를 알게 해 주는 것이 필요하다.

5. [예시답]
   · 사랑을 나눠요~ 마음이 따뜻해져요~~~ 사랑을 나눠요. 우리 모두가 행복해져요~ 사랑해요. 따뜻해요. 행복해요~ 나는야 제비 사랑을 노래해요~
   · 나는야 천국에서 노래하는 제비. 사람들은 나를 쓰레기 더미에 던져 버렸지만 천국에 와서는 영원한 노래를 부르는 행복한 새 ~~

[길라잡이]
어떤 노래든 상관이 없고, 가사를 적절하게 넣어 불렀다면 일단 칭찬할 만하다.

6. [예시답]
이순신 장군, 유관순, 윤봉길, 학자금을 내 놓은 김밥 할머니, 자기 재산을 사회를 위해 기부한 빌 게이츠와 안철수, 아프리카에서 구호 활동을 벌이는 한비야 등

[길라잡이]
자신을 희생하고 나라를 구한 위인들도 좋고 요즘 사회에서 활동하고 있는 인물들도 좋다. 그 인물들이 어떤 행동을 했고 그 행동으로 인하여 어떤 변화를 가져왔는지 구체적으로 이야기하면 더욱 좋을 것이다.

### 아이들을 위한 PSAT와 LEET(52~53쪽)

1. **[정답]** | ④
   **[길라잡이]**
   문장의 전후 관계를 통해 까닭을 묻는 추론 문제이다. 지문에서 왕자가 울고 있는 이유를 찾으면 된다. 앞에서 '이 도시의 온갖 슬픔이 다 보이기 때문에' 행복한 왕자는 '울지 않을 수 없구나'라고 했다. 따라서 정답은 ④이다.

2. **[정답]** | ③
   **[길라잡이]**
   잿빛이 가지고 있는 의미를 파악하는 문제로서 문장들 전후 관계를 파악하여 그 이유를 찾아내야 하는 추론 문제이다. 잿빛의 사전적인 의미는 회색빛이다. 행복한 왕자는 원래 화려한 보석으로 덮여 있었다. 하지만 보석을 나눠 줌으로써 색깔이 잿빛으로 바뀌게 되었다. 즉 금빛 나는 피부가 벗겨져 원래의 빛깔이 드러났음을 의미한다. ①의 '저녁'은 행복한 왕자의 모습과 관계가 없다. ②도 옳지 않다. 행복한 왕자의 마음은 가난한 사람들을 위해 자신을 희생하겠다는 마음으로서 한 번도 변한 적이 없다. 원래의 색깔이 드러났다는 점에서 ③이 정답이다. ④의 경우, 먼지로 인해 잿빛으로 변했다는 것은 전체 이야기와 상관이 없다. ⑤도 정답은 아니다. 나의 것을 내어 줌으로써 다른 사람들의 얼굴에 빛이 나게 해 주었으므로 행복해졌다거나 잿빛으로 바뀌었지만 빛이 났다고 해야 옳을 것이다. '잿빛'에 자신은 빛을 잃고 다른 사람에게 그 빛을 나눠 준 의미를 부여한다면 문학적인 의미에서는 그렇게 말할 수 있으나 여기서는 거리가 멀다고 하겠다.

3. **[정답]** | ⑤
   **[길라잡이]**
   두 가지 이야기를 비교 분석해 보는 문제로서 공통점을 찾는 문제이다. 〈은혜 갚은 까치〉에서 까치는 한 번 입은 은혜를 잊지 않고 되갚았으며, 그 은혜를 갚은 과정에서 자기를 희생했다. 〈행복한 왕자〉에서도 왕자와 제비가 가난한 사람들을 돕기 위해 자신을 희생한 부분이 잘 나타나 있다. ①은 제비가 아니라 까치이므로 정답이 아니며 ②의 경우, 까치는 선비를 사랑해서가 아니라 은혜를 갚기 위해 자신의 몸을 희생하였기 때문에 정답이 아니다. ③은 희생의 의미를 모르는 이야기이고 ④는 죽었다는 결과만을 중시했기 때문에 정답이 아니다. 두 이야기의 공통 요소를 잘 파악했다면 까치는 은혜를 갚기 위해, 제비는 왕자를 도와 가난한 사람을 구하기 위해 모두 자신의 목숨을 내놓아가며 "자기희생으로 누군가를 도와주었다."는 것이 정답이다.

## 행복한 늑대

### 책을 펴는 아이들(55쪽)

1. **[예시답]**
   **(1) 빨간 모자** : 할머니를 잡아먹은 후 할머니 집에 도착한 빨간 모자까지 먹어 치운다.
   **아기 돼지 삼형제** : 콧김으로 돼지의 집을 날려 버리고 돼지를 잡아먹는다.
   **늑대와 일곱 마리 아기 양** : 엄마가 집을 비운 사이에 엄마 양으로 변장하여 아기 양들을 먹어 치운다.
   **(2)** 거칠다. / 잔인하다. / 남을 잘 괴롭힌다. / 심술궂다. / 욕심이 많다.
   **[길라잡이]**
   이야기에 나오는 늑대의 행동을 보고 공통점을 찾는다. 아이들이 '나쁘다'는 정도의 답변에서 그치면, 교사나 학부모는 성격을 표현할 수 있는 다양한 어휘를 알 수 있도록 도와준다.

2. **[정답]** | ③
   '잔인하다'는 인정이 없고 아주 모질 때 사용하는 단어이고, '악랄하다'는 악독하고 잔인한 것을 말하며, '사악하다'는 것은 간사하고 악한 것을 뜻한다. '무시무시하다'는 몹시 무서울 때 사용하는 단어들로서 이 넷은 그 의미가 비슷하다. 그러나 '변장하다'는 본래의 모습을 알아볼 수 없게 하기 위하여 옷차림이나 얼굴, 머리 모양 등을 다르게 바꾼다는 의미이다. 따라서 착한 모습을 악한 모습으로 변장할 수 있고 악당이 천사로 변장할 수는 있지만 본래의 모습이나 성격이 바뀌는 것이 아니므로 '변장하다'가 정답이다.

### 책을 다시 읽는 아이들(56~57쪽)

1. **[정답]** | 아기 늑대가 너무 착한 것
   **[길라잡이]**
   혹시 답을 찾지 못하는 아이들이 있다면 엄마의 통화 장면(9쪽-11쪽)을 읽어 준다. '착하다'는 답 이외에 '공부를 열심히 한다.', '책을 읽는다.', '방 정리를 잘한다.', '할머니를 도와준다.'라는 답이 나와도 맞는 답으로 인정해 준다. 이러한 구체적인 모든 행동을 합쳐서 한마디로 말할 때 '착하다'고 말할 수 있다고 정리해 준다.

2. **[정답]** | 삼촌에게 보내서 교육시키기
   **[길라잡이]**
   아기 늑대가 삼촌 늑대를 찾아간 이유를 알 수 있도록 한다.

3. [정답]

| 아기 늑대에게 일어난 일 | 아기 늑대의 행동 |
|---|---|
| 외삼촌 발밑에 무당벌레가 있을 때 | 삼촌이 무당벌레를 밟지 못하도록 조심하라고 한다. |
| 수풀 사이에 많은 토끼들이 있을 때 | 토끼들과 함께 풀과 당근을 먹는다. |
| 할머니에게 간식을 전하러 가는 빨간 망토 소녀를 만났을 때 | 빨간 망토 소녀와 함께 빵을 나누어 먹는다. |
| 아기 돼지 삼형제 집을 부수러 갔을 때 | 입 폭풍으로 연을 훨훨 날리며 아기 돼지들과 함께 논다. |

[길라잡이]
삼촌이 알려 주는 무시무시한 행동을 아기 늑대가 하면 다정하고 따뜻한 행동으로 바뀌어서 나온다는 것을 알도록 한다. 아기 늑대의 본성이 착하다는 것을 느낄 수 있도록 한다.

4. [정답]
실수로 밀가루에 달걀이 빠지자 반죽해서 빵을 만들었다.

5. [정답]
아기 늑대를 창피하게 생각하고 화를 내기도 한다. 소리를 지른다.
[길라잡이]
삼촌 늑대는 아기 늑대의 행동이 늑대로서 옳지 않다고 생각한다. 교육을 통해 삼촌이 원하는 행동으로 바꾸려고 하지만 뜻대로 되지 않으면 화를 낸다.

6. [정답] | 페로스 제과점
7. [정답] | 이게 비둘기보다 훨씬 맛있다니까.

##  책을 깊게 읽는 아이들(58~59쪽)

1. [예시답]
늑대는 잔인하고 악랄해야 된다고 생각했기 때문이다.
[길라잡이]
엄마 늑대나 삼촌 늑대는 아기 늑대가 다른 늑대들처럼 똑같이 무시무시하게 행동하기를 바란다. 대부분의 늑대들이 보여 주는 행동이 옳다고 생각하기에 그렇게 행동하지 않는 것에 대해서 슬퍼하고 화를 내는 것이다. 수업하는 아이들의 수준에 따라서 다르다와 틀리다의 차이를 설명해 줘도 좋다.

2. [예시답]
속상하다. 나를 이해하지 못하는 것 같아서 눈물이 난다.
[길라잡이]
등장인물(등장 동물)의 감정을 느껴 보는 질문이다. 자신이 원하는 것을 인정받지 못했을 때의 감정을 느낄 수 있도록 한다.

3. [예시답]
(1) 빵 만들기
(2) 내가 하고 싶은 일을 할 때, 내가 잘할 수 있는 일을 할 때
[길라잡이]
자신이 하고 싶은 일을 할 때 행복하다는 것을 알도록 한다. 행복은 본인이 찾는 것이지만 간혹 어린 친구들은 엄마가 좋아하면 자기 자신도 좋다는 식으로 말하기도 한다. 모든 사람들이 다 좋아하는 일이라면 모두 행복할 수 있지만 생각이 다를 수도 있다는 것을 가볍게 설명해 준다.

4. [예시답]

| 케이크를 먹기 전 삼촌 모습 | 케이크를 먹고 난 후의 삼촌 모습 |
|---|---|
| 누가 케이크를 만들라고 했어? 이런 케이크보다 야들야들한 염소 고기가 맛있다고. | 우와 맛있다. 이런 맛은 처음이야. 너에게 화내서 미안하구나. 한 조각 더 먹어도 될까? |

[길라잡이]
삼촌 늑대의 표정을 보고 마음이 변화하는 과정을 알 수 있도록 도와준다. 처음엔 화를 내고 있지만 케이크의 맛을 본 후에는 아기 늑대와 함께 웃고 있다. 마지막 장면에서 케이크의 맛이 훌륭하다는 것을 추측할 수 있고, 그동안 화를 낸 것에 대해 사과의 말을 하거나 케이크 만드는 솜씨를 칭찬하는 말을 넣어도 좋다.

5. [예시답]
케이크가 비둘기보다 맛있기 때문이다. 아기 늑대가 잘할 수 있는 것을 인정하기로 했기 때문이다.
[길라잡이]
대부분 어린이들이 맛있는 케이크를 먹었기 때문이라고 답할 것이다. 그 대답도 맞는 답이라고 인정해 주면서 앞으로 삼촌 늑대는 무시무시한 늑대가 되는 법을 계속 가르칠 것인지에 대한 추가 질문을 통해 아기 늑대의 케이크 만드는 능력을 인정하기로 했기 때문에 삼촌도 웃을 수 있다는 것을 이해시킨다.

##  책을 내 것으로 만드는 아이들(60~61쪽)

1. [예시답]
행복한 ○○○
나는 그림을 그릴 때 행복해요. 어떤 색을 쓰면 좋을지 고민하는 것도 즐거워요. 알록달록한 예쁜 색이 있는 크레파스를 보면 그냥 웃음이 나와요. 힘들지만 열심히 그리고 색칠해서 완성하면 뿌듯하고 내가 아주 큰일을 해낸 것 같아서 나에게 칭찬을 해 주고 싶어요.

15

[길라잡이]
내가 어떤 일을 할 때 행복한지 생각해 보는 시간을 갖는다. 무조건 놀기나 게임하기라고 답하는 아이들이 있을 수도 있으니 자신의 꿈과 연결시켜서 대답을 할 수 있도록 한다.

2. [예시답]
삼촌, 저는 숲속의 모든 동물들이 절 무서워하는 것이 싫어요. 저는 토끼들과 같이 당근을 먹는 것도 좋고, 빨간 망토 소녀와 친구도 되고 싶어요. 할머니와 차를 마시면서 이야기하거나 아기 돼지들과 함께 연날리기도 하고 싶어요. 동물들이 저를 무서워하면 저는 친구가 없잖아요. 삼촌이 저를 사랑해서 잘 가르쳐 주고 싶으신 건 알지만 제가 좋아하고 싫어하는 것이 무엇인지 알아주셨으면 좋겠어요.
[길라잡이]
삼촌에게 자신이 싫어하는 것을 더이상 하고 싶지 않다고 진지하게 설득할 수 있도록 한다.

3. [길라잡이]
신문에 함께 들어오는 홍보지를 참고로 보여 주고 홍보지 만드는 방법을 알려 준다.
아래의 모든 항목을 다 표현할 필요는 없다.
 1. 제목을 쓴다. (예 : 페로스 제과점 / 숲 속의 행복 페로스 제과점이 책임진다. / 무시무시하게 맛있는 케이크 가게)
 2. 홍보할 내용을 쓴다(예 : 제과점의 케이크나 빵 종류 / 인기 메뉴 / 페로스 제과점의 장점)
 3. 케이크를 만드는 사람(파티쉐 또는 제빵사) 소개
 4. 페로스 제과점 찾아오는 길
 5. 글과 함께 다양한 그림으로 홍보지를 꾸민다.

4. [예시답]
엄마 요리가 최고다.
동생 애교가 최고다.
친구 줄넘기 실력이 최고다.
[길라잡이]
나를 포함한 주변 사람들의 장점을 찾아보는 질문이다. 누구에게나 잘하는 것이 있으며 그것을 찾아서 인정하고 칭찬하려는 자세가 중요하다는 것을 알려 준다.

##  아이들을 위한 PSAT와 LEET(62~63쪽)

1. [정답] | ⑤
[길라잡이]
가장 악랄하고 잔인하기로 악명이 높다는 것이 포인트이다. 악랄하다는 '악하고 잔인하다.'라는 뜻이고, 악명이 높다는 '악하다고 소문이 났다.'라는 뜻이라는 것을 설명해 준다. ①②③④는 악한 것과는 거리가 멀다는 것을 알 수 있다. ⑤의 언제 어디서나 무섭게 울부짖는 행동은 제대로 된 늑대의 행동이라고 할 만하다. 따라서 정답은 ⑤이다.

2. [정답] | ⑤
[길라잡이]
먹칠하다의 뜻에는 '먹색(검은색)으로 칠하다.'와 비유적인 표현인 '명예나 체면 따위를 더럽히는 행동을 하다.'라는 뜻이 있다. 지문에 나온 '늑대 얼굴에 이렇게 먹칠하다니'는 앞 뒤 문맥상 늑대로서 부끄러운 행동을 했다는 뜻이다. ①, ②, ③, ④는 어두운 색이라는 뜻을 담고 있고, ⑤는 부끄러운 행동을 했다는 뜻을 담고 있다. 따라서 정답은 ⑤이다.

3. [정답] | ③
[길라잡이]
'우선 날달걀을 하나씩 먹자. 목소리를 가늘고 부드럽게 만들어 주거든. 그리고 밀가루로 얼굴과 다리를 하얗게 칠하는 거지. 그렇게 하면 염소 새끼들이 널 엄마로 알고 문을 열어 줄 거야.'라는 지문을 통해 ① 효리의 말과 ② 기혁의 말 ⑤ 채빈 말은 삼촌의 계획과 일치한다. 삼촌이 '새끼 염소 일곱 마리가 사는 집을 알고 있어.'라고 하는 지문을 통해 ④ 찬우의 말도 삼촌의 계획과 일치한다. 그러나 '엄마 염소가 집을 비우면 변장을 해서 집에 쳐들어가자.' 라는 지문으로 엄마 염소가 없는 동안 들어갈 계획임을 알 수 있다. ③ 유진이가 말한 아기 염소와 엄마 염소를 한 번에 다 잡으려는 계획은 아니다. 따라서 정답은 ③이다.